Impressum
Verlag: BABADADA GmbH, Nedderfeld 112 , 22529 Hamburg
Geschäftsführer / Verlagsleitung: Harald Hof
Druck: Books on Demand GmbH, In de Tarpen 42, 22848 Norderstedt

Imprint
Publisher: BABADADA GmbH, Nedderfeld 112 , 22529 Hamburg, Germany
Managing Director / Publishing direction: Harald Hof
Print: Books on Demand GmbH, In de Tarpen 42, 22848 Norderstedt, Germany

# ቤት-ትምህርቲ

## mokykla

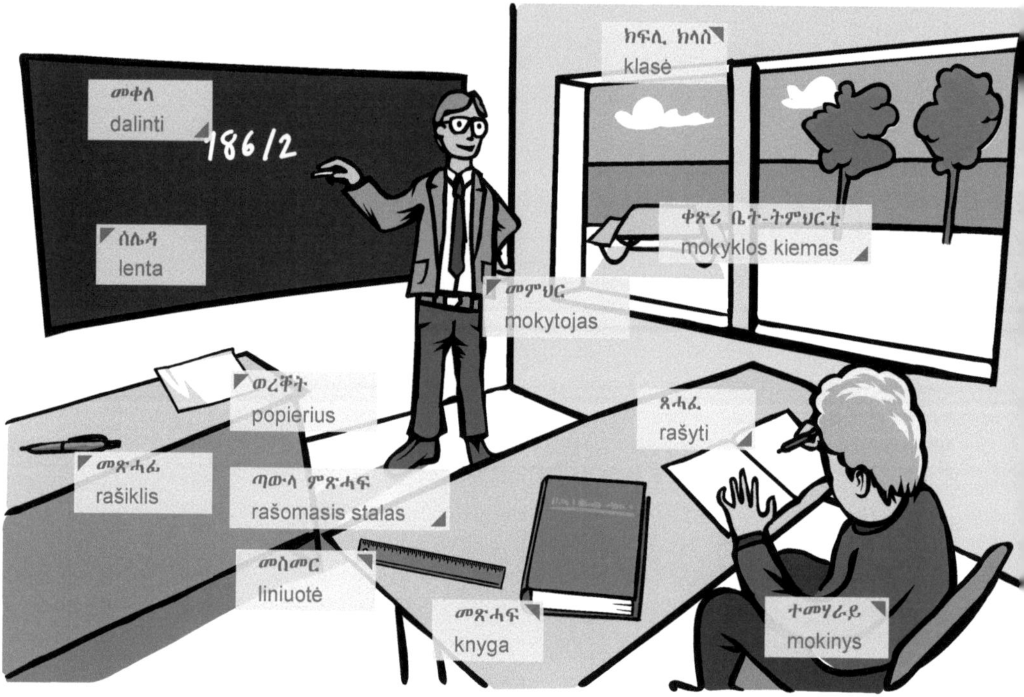

ክፍሊ ክላስ
klasė
መቐለ
dalinti
186/2
ሰሌዳ
lenta
ቀጽሪ ቤት-ትምህርቲ
mokyklos kiemas
መምህር
mokytojas
ወረቐት
popierius
ጸሓፈ
rašyti
መጽሓፊ
rašiklis
ጣውላ ምጽሓፍ
rašomasis stalas
መስመር
liniuotė
መጽሓፍ
knyga
ተመሃራይ
mokinys


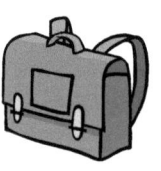

ሳንጣ ትምህርቲ

kuprinė

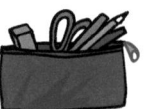

ሰፈር ብርዒ

penalas

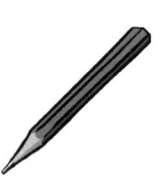

ርሳስ

pieštukas

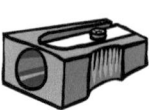

መብልሒ ርሳስ

drožtukas

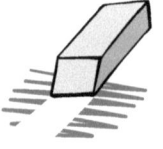

መደምሰሲ

trintukas

ጥራዝ ስእሊ

piešimo bloknotas

ስእሊ

piešinys

ብርዒ ቀለም

teptukas

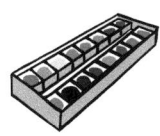

ቦክስ ቀለም

dažų dėžutė

መቐስ

žirklės

መጣበቒ

klijai

ጥራዝ መላመዲ

vadovėlis

ዕዮ ገዛ

namų darbai

**12**

ቁጽሪ

numeris

**2+2**

ወሰኸ

pridėti

**5-2**

ነደለ

atimti

**2×2**

ረብሐ

dauginti

ደመረ

skaičiuoti

**A**

ፊደል

raidė

**ABCDEFG HIJKLMN OPQRSTU VWXYZ**

ስርዓት ፊደላት

abėcėlė

**hello**

ቃል

žodis

ጽሑፍ

tekstas

አንበበ

skaityti

ኩርሽ

kreida

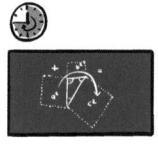

ስዓት

pamoka

መዝገብ ክላስ

dienynas

መርመራ

egzaminas

ሰርቲፊኬት

pažymėjimas

ድቢዛ ቤትትምህርቲ

mokyklinė uniforma

ትምህርቲ

išsilavinimas

ለክሲኮን

enciklopedija

ዩኒቨርሲቲ

universitetas

ሚክሮስኮፕ

mikroskopas

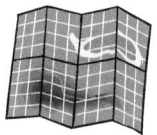

ካርታ

žemėlapis

ጎሓፍ ወረቐት

šiukšliadėžė

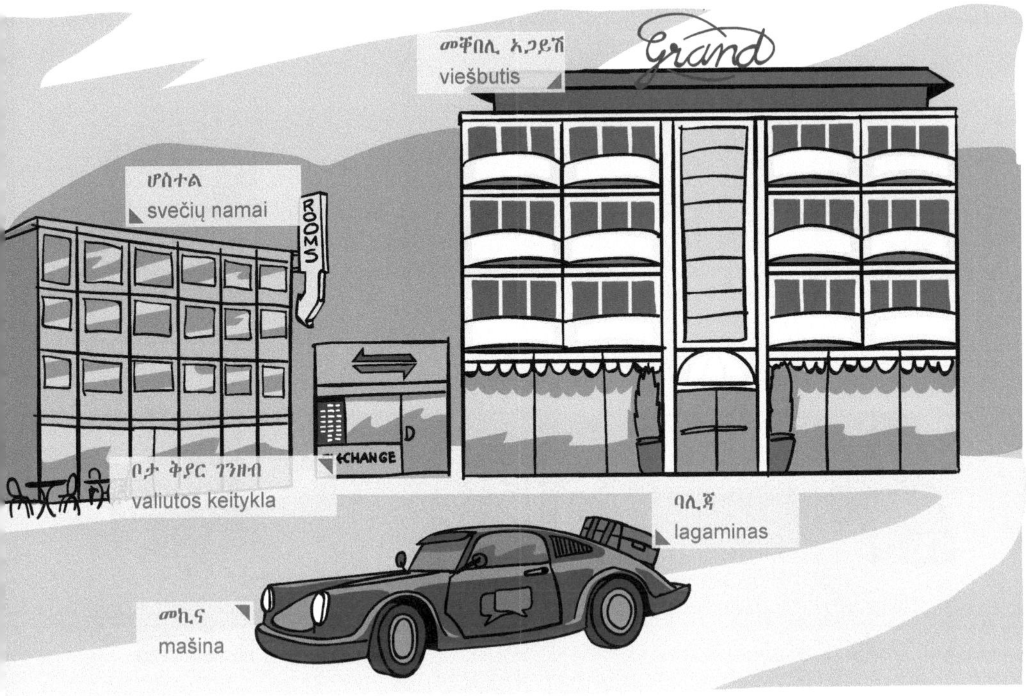

መቐበሊ ኣጋይሽ
viešbutis
Grand
ሆስተል
svečių namai
ROOMS
ቦታ ቅያር ገንዘብ
valiutos keitykla
CHANGE
ባሊጃ
lagaminas
መኪና
mašina

ቋንቋ

kalba

እወ / ኖ

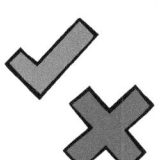

taip / ne

ሕራይ

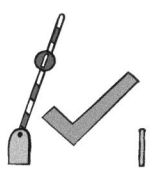

Gerai

ሰላም

sveiki

ኣስተርጓሚ

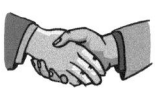

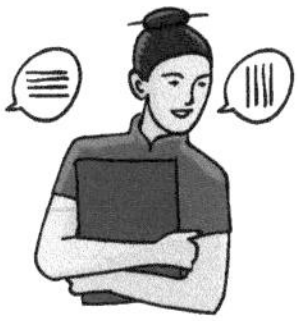

vertėjas raštu

የቐንየለይ

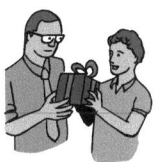

Ačiū

. . . ክንደይ ዋግኡ?

kiek kainuoja...?

አይተረድአኹን

aš nesuprantu

ሽግር

problema

ሰላም ምሸት!

Labas vakaras!

ከመይ ሓዲርካ

Labas rytas!

ሰላም ለይቲ

Labos nakties!

ደሓን ኩን

viso gero

አንፈት

kryptis

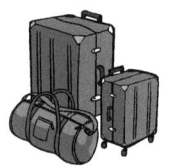

ጉዓዝ

bagažas

ሳንጣ

krepšys

ሳንጣ ሕቖ

kuprinė

ጋሻ

svečias

ክፍሊ

kambarys

ክሻ መደቓሲ

miegmaišis

ቴንዳ

palapinė

ሓበሬታ በጻሕቲ ሃገር
.................
turizmo informacija

ገምገም ባሕሪ
.................
paplūdimys

ክሬዲት ካርድ
.................
kreditinė kortelė

ቁርሲ
.................
pusryčiai

ምሳሕ
.................
pietūs

ድራር
.................
vakarienė

ቲከት
.................
bilietas

ሊፍት
.................
liftas

ማሕተም ደብዳቤ
.................
pašto ženklas

ዶብ
.................
siena

ድንና
.................
muitinė

ኣምበሲ
.................
ambasada

ቪዛ
.................
viza

ፓስፖርት
.................
pasas

# መጓዓዝያ
# transportas

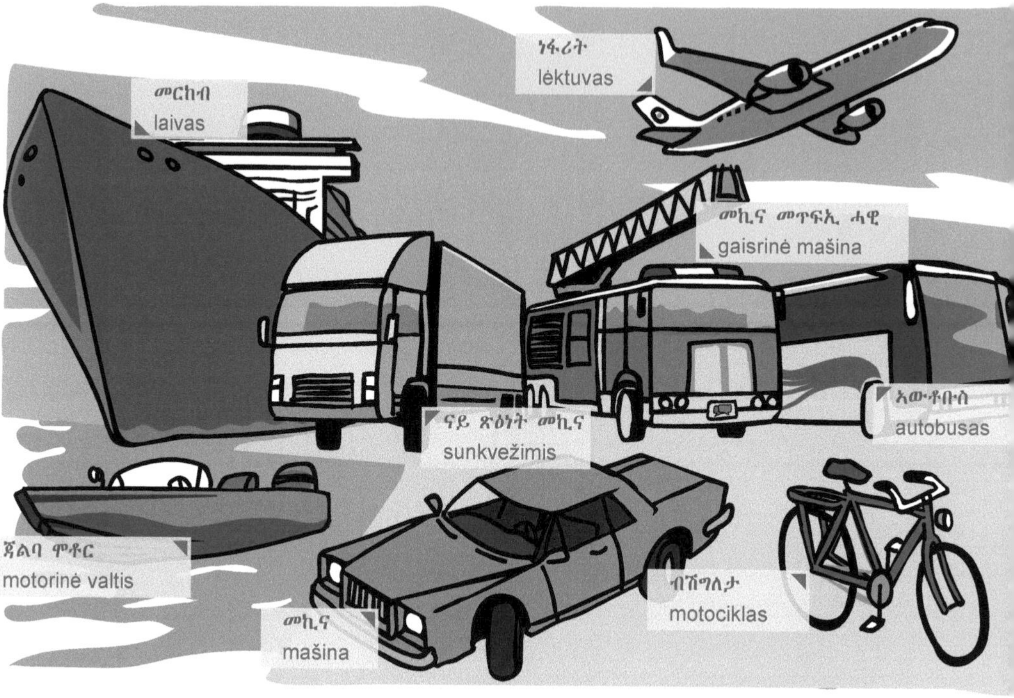

ነፋሪት
lėktuvas
መርከብ
laivas
መኪና መጥፍኢ ሓዊ
gaisrinė mašina
ኣውቶቡስ
autobusas
ናይ ጽዕነት መኪና
sunkvežimis
ጃልባ ሞቶር
motorinė valtis
ብሽግለታ
motociklas
መኪና
mašina


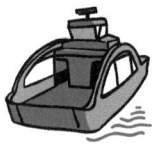

ፈሪ
.....................
keltas

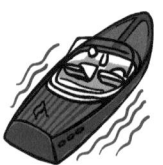

ጃልባ
.....................
valtis

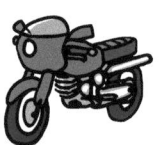

ሞቶ
.....................
mopedas

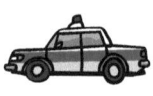

መኪና ፖሊስ
.....................
policijos automobilis

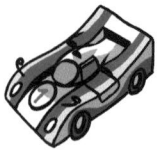

መኪና ቅድድም
.....................
lenktyninis automobilis

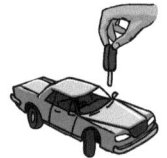

ክራይ መኪና
.....................
nuomojamas automobilis

*ምውፋይ መካይን*

bendras automobilio
naudojimas

*መወሰዲ መኪና*

techninės pagalbos
automobilis

*መኪና ጎሓፍ*

šiukšliavežė

*ሞቶC*

variklis

*ነዳዲ*

degalai

*እንዳ ነዳዲ*

degalinė

*ምልክት ትራፊክ*

kelio ženklas

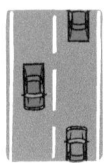

*ትራፊክ*

eismas

*ምጭቕጫቕ ትራፊክ*

eismo spūstis

*መዐሸጊ መኪና*

mašinų stovėjimo aikštelė

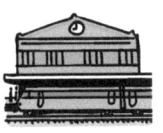

*መዕረፊ ባቡር*

traukinių stotis

*ሓዲግ*

bėgiai

*ባቡር*

traukinys

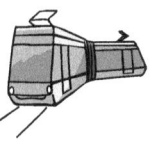

*ትረም*

tramvajus

*ባጎኒ*

vagonas

ሄሊኮፕተር

sraigtasparnis

መዓረፊ ነፈርቲ

oro uostas

ታወር

bokštas

ተጓዥ

keleivis

ኮንተይነር

konteineris

ሳንዱቅ ካርቶን

dėžė

ኮርሳ ጽዕነት

vežimėlis

ዘንቢል

krepšys

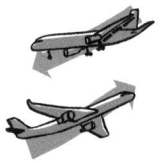

ተበገሰ / ዓለበ

pakilti / nusileisti

## ከተማ

## miestas

ቀኣሸት

kaimas

ማእከል ከተማ

miesto centras

ገዛ

namas

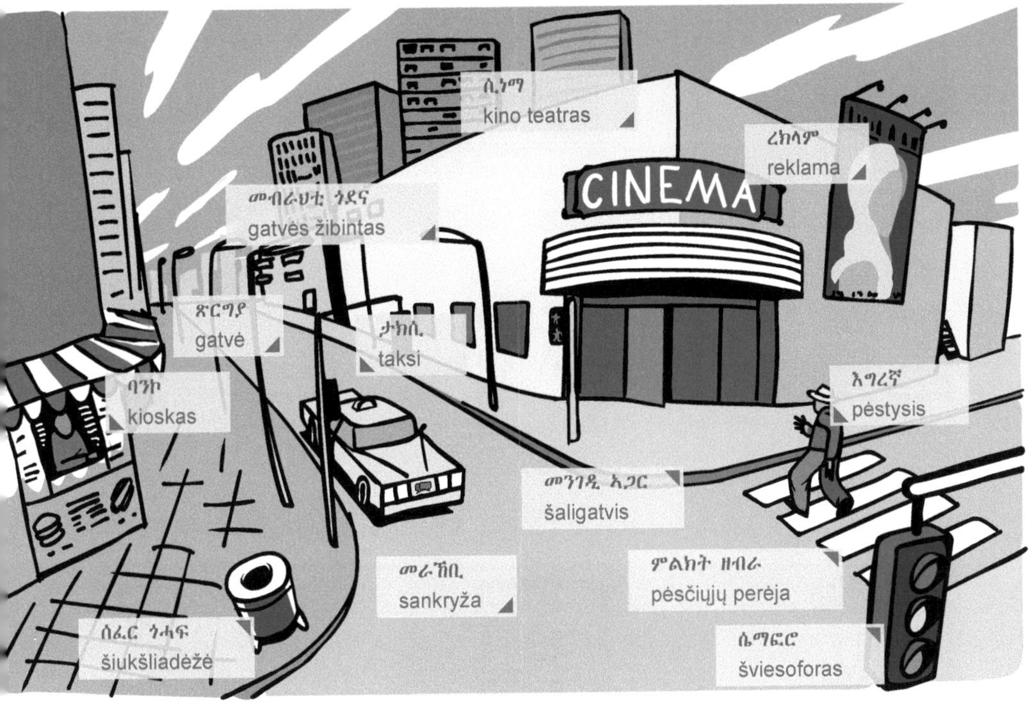

CINEMA
ሲነማ
kino teatras
ረክላም
reklama
መብራህቲ ጎደና
gatvės žibintas
ጽርግያ
gatvė
ታክሲ
taksi
ባንኮ
kioskas
እግረኛ
pėstysis
መንገዲ ኣጋር
šaligatvis
መራኸቢ
sankryža
ምልክት ዘብራ
pėsčiųjų perėja
ሰፈር ጎሓፍ
šiukšliadėžė
ሴማፎሮ
šviesoforas

ኣጒዶ
trobelė

ኣፓርትመንት
butas

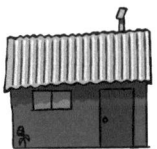

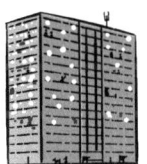

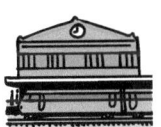

መዕረፊ ባቡር
traukinių stotis

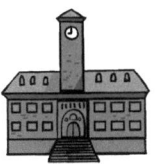

ቤት ምምሕዳር
rotušė

MUSEUM
ቤተ መዘክር
muziejus

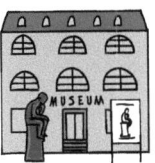

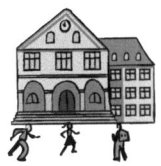

ቤት-ትምህርቲ
mokykla

ዩኒቨርሲቲ

universitetas

ባንክ

bankas

ሆስፒታል

ligoninė

መቆበሊ አጋይሽ

viešbutis

ቤት መድሃኒት

vaistinė

ቤት ጽሕፈት

biuras

ዱኳን መጽሓፍቲ

knygynas

ዱኳን

parduotuvė

ዱኳን ዕንባባ

gėlių parduotuvė

ሱፐርማርኬት

prekybos centras

ዕዳጋ

turgus

ሹቅ

universalinė parduotuvė

ነጋዶይ ዓሳ

žuvies parduotuvė

ሹቅ

prekybos centras

መርሳ

uostas

መዝናግዒ
parkas

ባንኪ
suoliukas

ድልድል
tiltas

መደያይበ
laiptai

ባቡር ትሕቲ ምድሪ
metro

ቢንቶ
tunelis

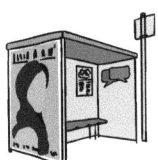

መዕረፊ አውቶቡስ
autobusų stotelė

ቤት መስተ
baras

ቤት-መግቢ
restoranas

ስታሪት
lauko pašto dėžutė

ታቤላ
kelio ženklas

ሰዓት ፓርኪንግ
parkomatas

መካነ እንስሳታት
zoologijos sodas

መሕምበሲ
baseinas

መስጊድ
mečetė

ቤት ሕርሻ

ūkininko ūkis

ብከላ

tarša

መቃብር

kapinės

ቤተክርስትያን

bažnyčia

ቦታ ምጽዋት

žaidimų aikštelė

ቤት መቕደስ

šventykla

# ስእሊ መሬት
# kraštovaizdis

አቝጽልቲ
lapas

መሕበሪ መገዲ
kelio rodyklė

መገዲ
kelias

ሜዳ
pieva

እምኒ
akmuo

ኮብላሊ
ėjikas

አግራብ
medis

ፈለግ
upė

ሰዓሪ
žolė

ዕንባባ
gėlė

ስንጭሮ
slėnis

ኮፐ
kalva

ቀላይ
ežeras

ዱር
miškas

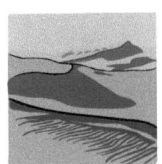

ምድረ በዳ
dykuma

እሳተ-ነመራ
ugnikalnis

ግምቢ.
pilis

ቀስተ-ደመና
vaivorykštė

ቃንጥሻ
grybas

ዓርኮብኮባይ
palmė

ጣንጡ
uodas

ሃመማ
musė

ጻጻ
skruzdėlė

ንህቢ.
bitė

ሳሪት
voras

ሕንዚዝ

vabalas

ዕንቍርዖብ

varlė

ምጽጹላይ

voverė

ቅንፍዝ

ežys

ማንቲለ

kiškis

ጉጉን

pelėda

ጭሩ

paukštis

ስዋን

gulbė

መፍለስ

šernas

ዓጋዝን

elnias

ሙስ

briedis

ግድብ

užtvanka

ተርባይን ንፋስ

vėjo jėgainė

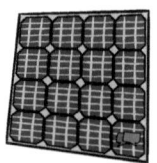

ሶላር ስርሓት

saulės baterija

ኩነታት አየር

klimatas

16     ስእሊ መሬት - kraštovaizdis

# ቤት-መግቢ

# restoranas

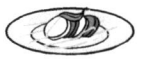

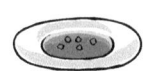

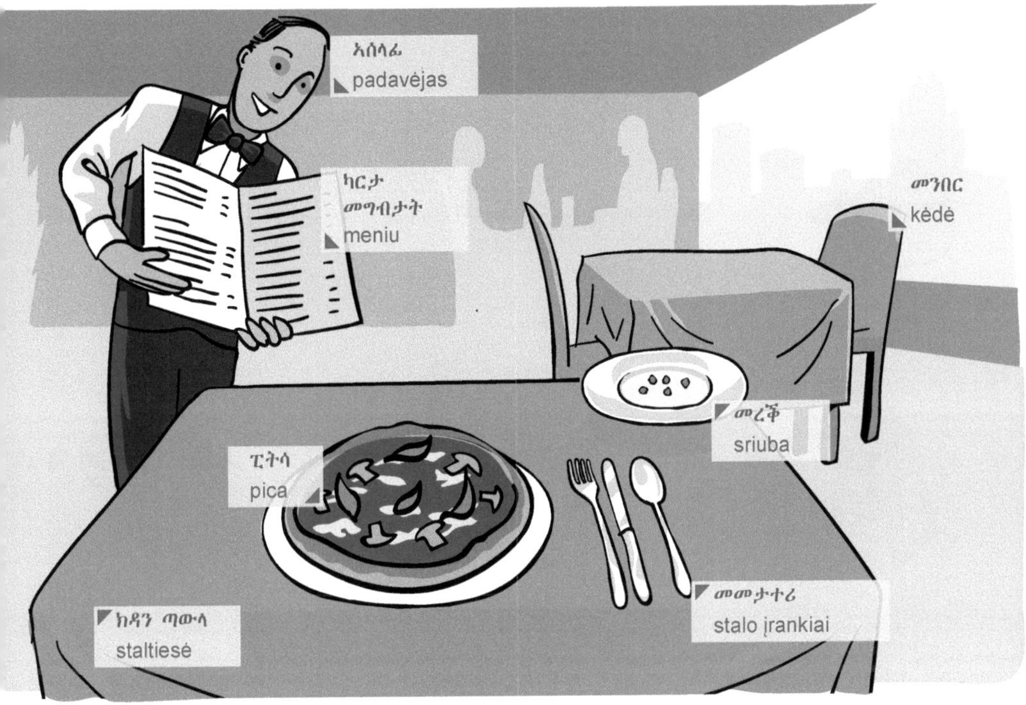
ኣሰላፊ
padavėjas
ካርታ
መግብታት
meniu
መንበር
kėdė
መረቕ
sriuba
ፒትሳ
pica
መመታትሪ
stalo įrankiai
ክዳን ጣውላ
staltiesė

ቅድመ ቀንዲ መግቢ

užkandis

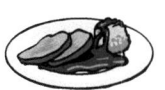

ቀንዲ መኣዲ

pagrindinis patiekalas

ድሕረ መግቢ

desertas

መስተ

gėrimai

መግቢ

maistas

ጥርሙዝ

butelis

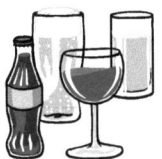

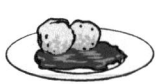

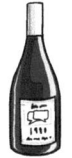

ስሉጥ መግቢ

greitai pateikiamas maistas

መግቢ ጽርግያ

gatvės maistas

ብርጭቆ ሻሂ

arbatinukas

ታኒካ ሽኮር

cukrinė

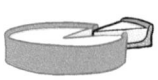

ክፋል

porcija

ማሺን ኤስፕረሶ

espreso aparatas

ነዊሕ መንበር

aukšta kėdė

ጸብጸብ

sąskaita

ታብለት

padėklas

ካራ

peilis

ፋርከታ

šakutė

ማንካ

šaukštas

ማንካ ሻሂ

arbatinis šaukštelis

ሰርቭየተ

servetėlė

ብኬሪ

stiklinė

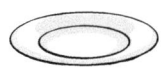

ሽሓኒ

lėkštė

ሽሓኒ መረቅ

sriubos lėkštė

ትሕቲ ኩባያ

padėklas

ጸብሒ

padažas

ወሃቢ ጨው

druskinė

መጥሓን በርበረ

pipirų malūnėlis

አቾቶ

actas

ዘይቲ

aliejus

ቀመም

prieskoniai

ከቹፕ

kečupas

አድሪ

garstyčios

ማዮኔዝ

majonezas

# ሱፐርማርክት

## prekybos centras

ወፈያ
specialus pasiūlymas
FOR
ዓሚል
pirkėjas
ፍርያታት ጸባ
pieno produktai
ፍረታት
vaisiai
ሰረገላ ዱኳን
troleibusas

BUTCHERS

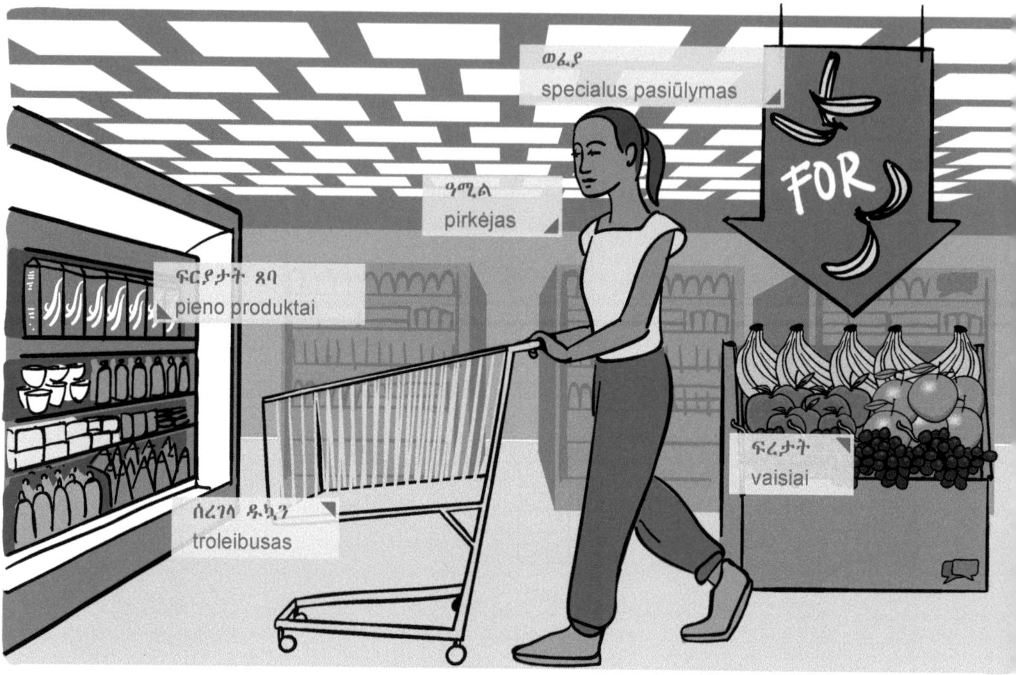

እንዳ ስጋ

.................

mėsos parduotuvė

BAKERY

እንዳ ባኒ

.................

kepykla

ክብደት

.................

sverti

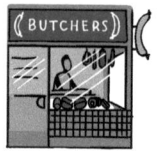

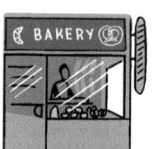

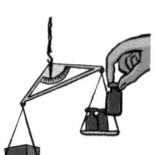

ኣሕምልቲ

.................

daržovės

ስጋ

.................

mėsa

መግቢ ፍሪጅ በረድ

.................

šaldytas maistas

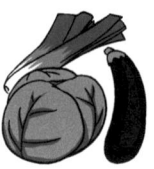

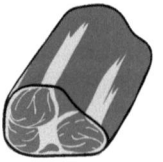

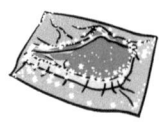

ዝሑል ቅሩብ መግቢ
šalti mėsos užkandžiai

እስታጦላ
konservai

አሞ
skalbimo milteliai

ምቁር መግቢ
saldumynai

ዘቤታውያን አቕሑ
ūkinės prekės

ናውቲ መጽረዪ
valymo priemonės

ሸቃጣይ
pardavėja

ካሳ
kasos aparatas

ተሓዛ ገንዘብ
kasininkas

ዝርዝር ምግዛእ
pirkinių sąrašas

ክፉት ሰዓታት
darbo valandos

ማሕፉዳ
piniginė

ክረዲት ካርድ
kreditinė kortelė

ሳንጣ
maišelis

ፌስታል
plastikinis maišelis

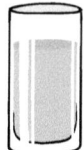

ማይ

vanduo

ጽማቝ

sultys

ጸባ

pienas

ኮላ

kola

ነቢት

vynas

ቢራ

alus

አልኮል

alkoholis

ካካው

kakava

ሻሂ

arbata

ቡን

kava

ኤስፕረሶ

espresas

ካፑቺኖ

kapučinas

ባናና

bananas

ቱፋሕ

obuolys

አራንሺ

apelsinas

ብርጭቆ

arbūzas

ለሚን

citrina

ካሮት

morka

ጸዕዳ ሽጉርቲ

česnakas

ባምቡስ

bambukas

ሽጉርቲ

svogūnas

ቅንጠሻ

grybas

ፉል

riešutai

ፓስታ

makaronai

ስፓገቲ

spagečiai

ሩዝ

ryžiai

ሰላጣ

salotos

ቅልዋ ድንሽ

traškučiai

ቅሉው ድንሽ

keptos bulvės

ፒትሳ

pica

ሃምቡርገር

mėsainis

ፓኒኖ

sumuštinis

ቢስተካ

pjausnys

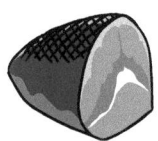

ስለፍ ሓሰማ

kumpis

ሳላሚ

saliamis

ግዕዝም

dešrelė

ደርሆ

vištiena

ቀለወ

kepsnys

ዓሳ

žuvis

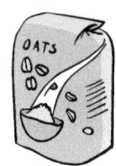

ገዓት
avižų dribsniai

ሙስሊ
dribsniai su priedais

ኮርንፍለይክስ
kukurūzų dribsniai

ሓርጭ
miltai

ክሮሶን
prancūziškasis ragelis

ባኒ
bandelė

ባኒ
duona

ቶስት
skrebutis

ብሽኮቲ
sausainiai

ጠስሚ
sviestas

ርጎኦ
varškė

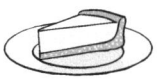

ኬክ
tortas

እንቋቍሖ
kiaušinis

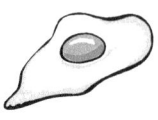

ቅሉው እንቋቍሖ
kiaušinienė

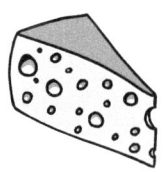

ፋርማጆ
sūris

አይስ ክሪም

.................

ledai

ሽኩር

.................

cukrus

መዓር

.................

medus

ጁም

.................

uogienė

ኑጋት-ክሪም

.................

tepamas šokoladas

ኩሪ

.................

karis

# ቤት ሕርሻ
# ūkininko ūkis

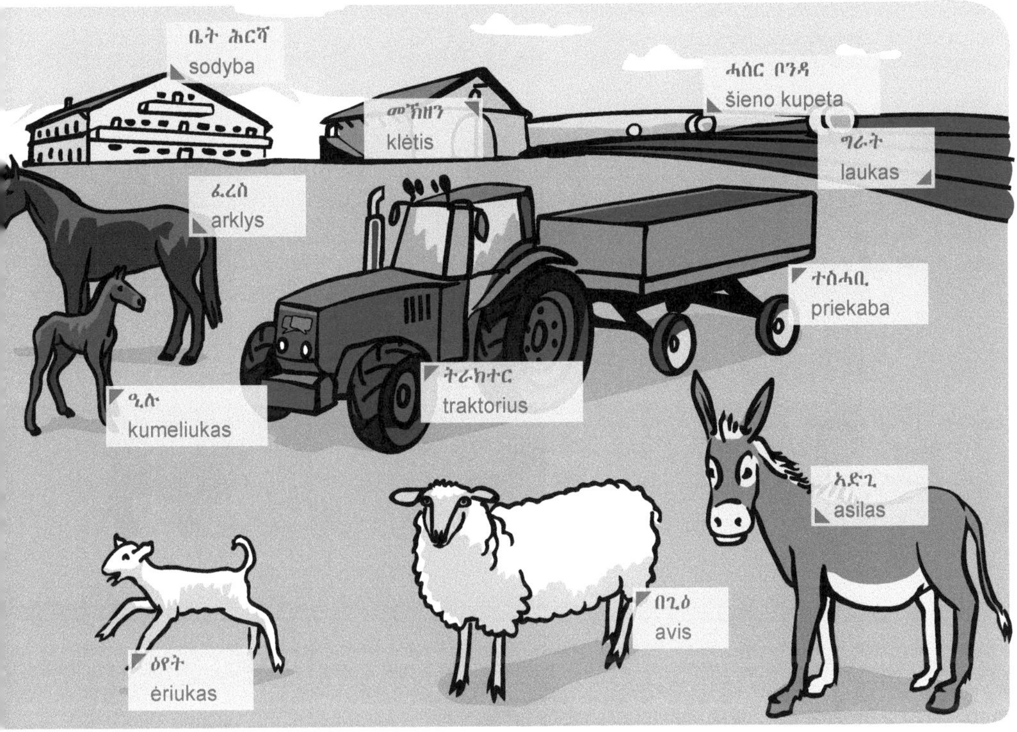
ቤት ሕርሻ
sodyba
መኽዘን
klėtis
ሓሰር ቦንዳ
šieno kupeta
ግራት
laukas
ፈረስ
arklys
ተስሓቢ
priekaba
ዒሉ
kumeliukas
ትራክተር
traktorius
ኣድጊ
asilas
በጊዕ
avis
ዕየት
ėriukas

ጤል
.................
ožys

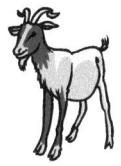

ብዕራይ
.................
karvė

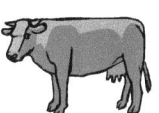

ምራኽ
.................
veršis

ሓሰማ
.................
kiaulė

ውላድ ሓሰማ
.................
paršelis

ኣርሓ
.................
bulius

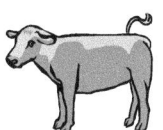

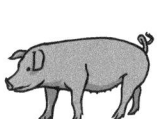

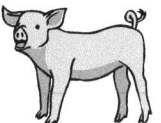

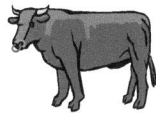

ዓሳ
žąsis

ማይ ደርሆ
antis

ጭቊት
viščiukas

ደርሆ
višta

አርሓ ደርሆ
gaidys

አንጨዋ ዓባይ
žiurkė

ድሙ
katė

አንጭዋ
pelė

ብዕራይ
jautis

ከልቢ
šuo

አጕዶ ከልቢ
šuns būda

ቱቦ ጀርዲን
sodo namas

መዝፈፊ ማይ
laistytuvas

ዓቢ ማዕጺድ
dalgis

ማሕረሻ
plūgas

ማዕጺድ

pjautuvas

ጭ'ኳር

kauptukas

መስአ

šakės

ፋስ

kirvis

ዓረብያ ኢ.ድ

statinė

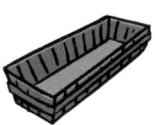

ጋብላ

lovys

ብር'ጭቆ ጸባ

bidonas

ክሻ

maišas

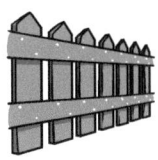

ሓጹር

tvora

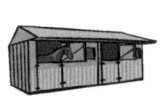

መንሰስ

arklidė

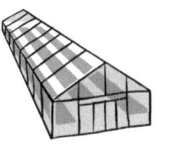

ቾጠልያ ገዛ

šiltnamis

ባይታ

dirva

ዘርኢ

sėkla

ድ'ኹ'ዊ

trąšos

ዘጣምር ቀውዓይ

kombainas

ቀውዐ

rinkti

ጻጋ

derlius

ድንሽ ያም

saldžiosios bulvės

ስርናይ

kviečiai

ሶያ

soja

ድንሽ

bulvė

ዕፉን

kukurūzai

ራፕስ

rapsai

ገረብ ፍረታት

vaismedis

ማኒኦክ

manijokas

እኽሊ

grūdai

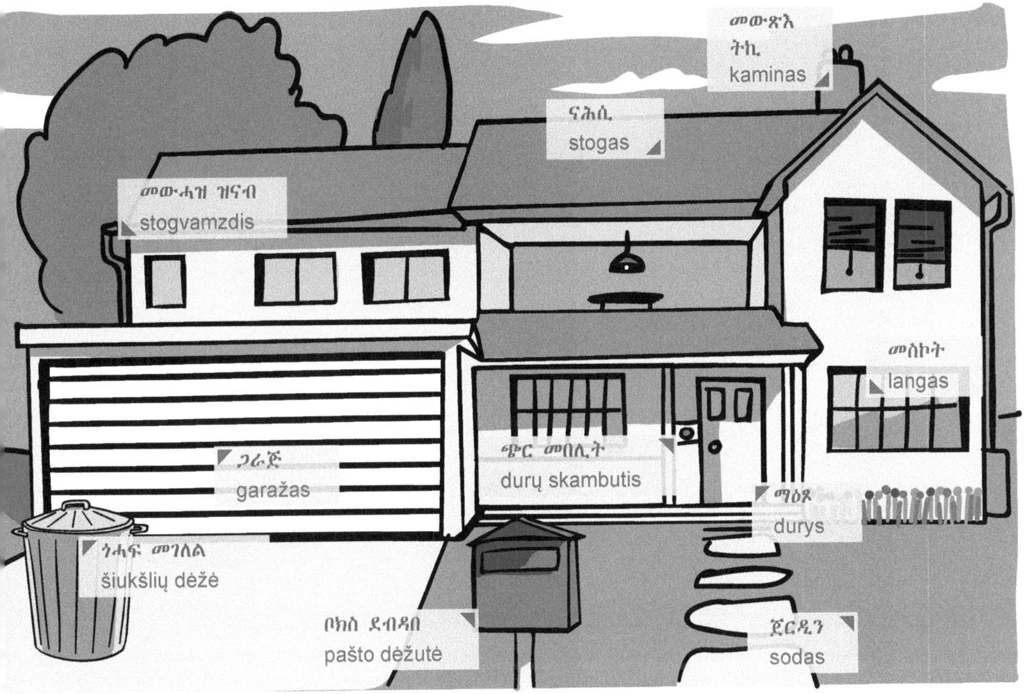

# namas

መውጽእ ትኪ
kaminas

ናሕሲ
stogas

መውሓዝ ዝናብ
stogvamzdis

መስኮት
langas

ጋራጅ
garažas

ጭር መበሊት
durų skambutis

ማዕጾ
durys

ነጻፍ መገለል
šiukšlių dėžė

ቦክስ ደብዳቤ
pašto dėžutė

ጀርዲን
sodas

ክፍሊ ምችማጥ
.................
svetainė

ክፍሊ ባንዮ
.................
vonios kambarys

ክሽን
.................
virtuvė

ክፍሊ መደቀሲ
.................
miegamasis

ክፍሊ ቆልዑ
.................
vaiko kambarys

መመገቢ ክፍሊ
.................
valgomasis

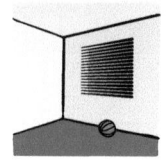

ባይታ
................
grindys

መንደቅ
................
siena

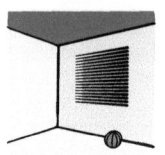

ከቦርታ
................
lubos

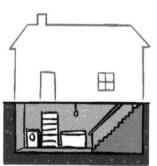

ካንቲና
................
rūsys

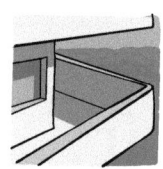

ሳውና
................
sauna

ባልኮን
................
balkonas

ዛላ
................
terasa

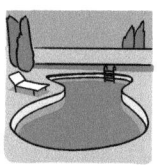

መሕምበሲ
................
baseinas

መቑረጺ ሳዕሪ
................
žoliapjovė

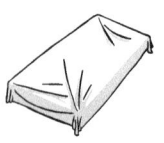

አንሶላ ዓራት
................
paklodė

ከቦርታ ዓራት
................
lovatiesė

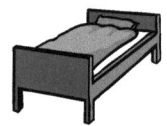

ዓራት
................
lova

መኾስተር
................
šluota

መገለል
................
kibiras

መወልጊት
................
jungiklis

# ክፍሊ ምኽማጥ

## svetainė

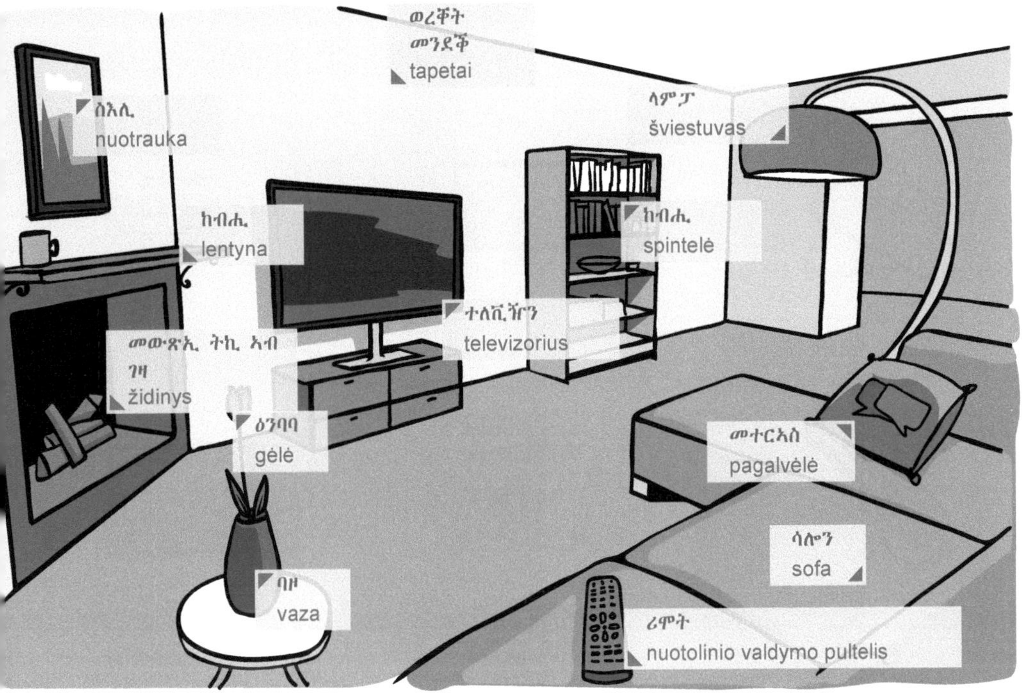

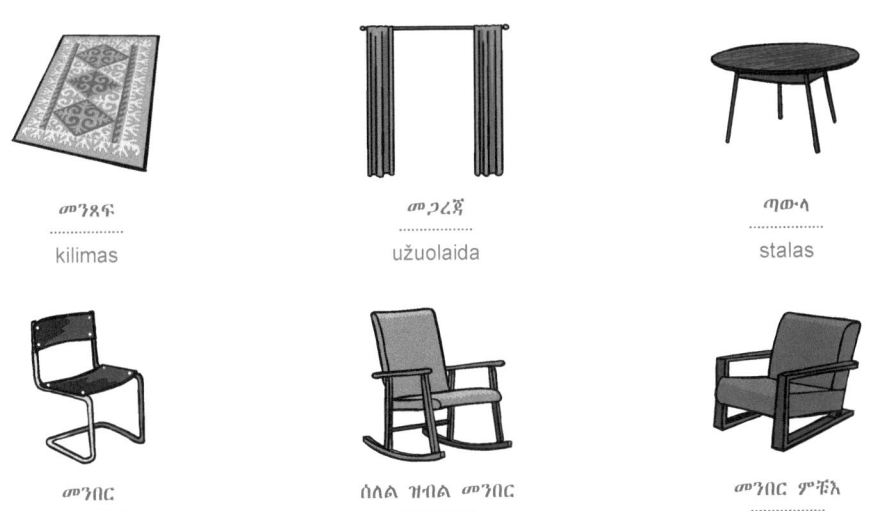

ወረቐት መንደቕ
tapetai
ስእሊ
nuotrauka
ላምፓ
šviestuvas
ከብሒ
lentyna
ከብሒ
spintelė
ተለቪዥን
televizorius
መውጽኢ ትኪ ኣብ ገዛ
židinys
ዕንባባ
gėlė
መተርኣስ
pagalvėlė
ሳሎን
sofa
ባዞ
vaza
ሪሞት
nuotolinio valdymo pultelis

መንጸፍ

kilimas

መጋረጃ

užuolaida

ጣውላ

stalas

መንበር

kėdė

ሰለል ዝብል መንበር

supamasis krėslas

መንበር ምቹእ

fotelis

መጽሓፍ

knyga

ከቦርታ

antklodė

ስልማት

papuošimai

እንጨይቲ ሓዊ

malkos

ፊልም

filmas

ስተረዮ

stereo aparatūra

መፍትሕ

raktas

ጋዜጣ

laikraštis

ቅብአ

paveikslas

ፖስተር

plakatas

ረድዮ

radijas

ጥራዝ

užrašų knygelė

መልገሲ ደርና

dulkių siurblys

በለስ

kaktusas

ሽምዓ

žvakė

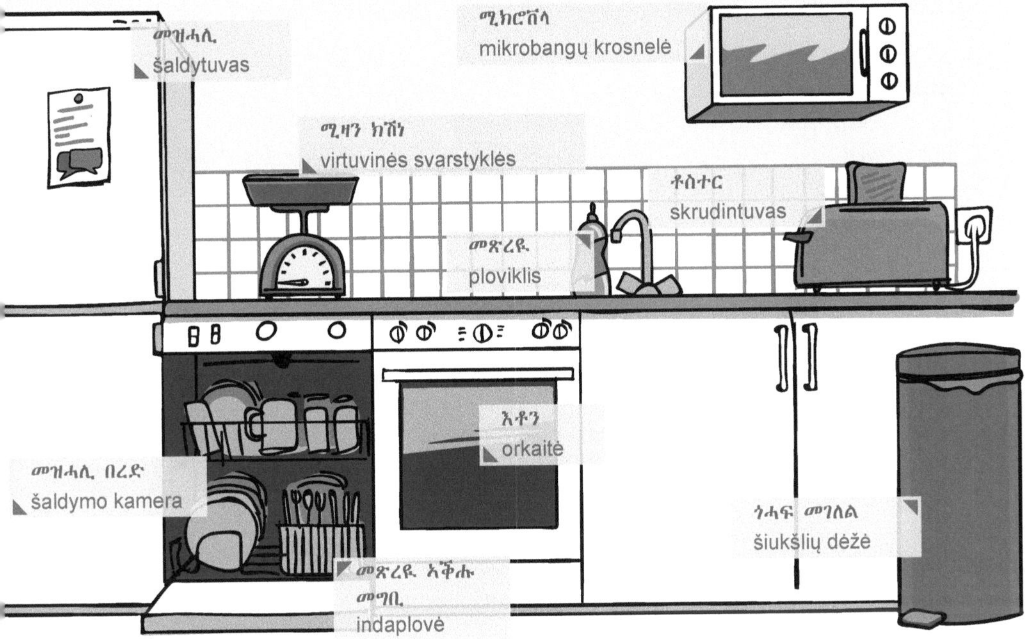

ሚክሮሼላ
mikrobangų krosnelė

መዝሓሊ
šaldytuvas

ሚዛን ክሽን
virtuvinės svarstyklės

ቶስተር
skrudintuvas

መጽረዪ
ploviklis

እቶን
orkaitė

መዝሓሊ በረድ
šaldymo kamera

ጐሓፍ መገለል
šiukšlių dėžė

መጽረዪ ኣቕሑ
መግቢ
indaplovė

መኽሸኒ
viryklė

ድስቲ
puodas

ድስቲ ሓጺን
ketaus puodas

ኾክ/ካዳይ
„wok" keptuvė

ባደላ
keptuvė

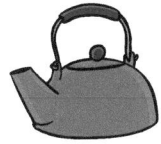

መውዓዪ ማይ
virdulys

መፍልሒ

garų puodas

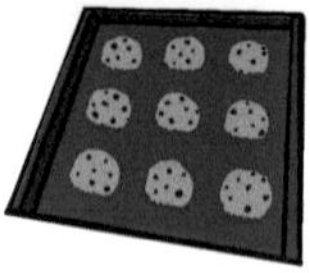

ጓንቴራ ምስንካት

kepimo skarda

ኣቕሑ መግቢ

porceliano indai

ብርጭቆ

puodelis

ጭሓሎ

dubuo

ማንካቺና

valgomosios lazdelės

ማንካ መረቕ

samtis

መገልበጢ ባደላ

mentelė

መኾስተር ውርጪ

plaktuvas

መንፊት መግቢ

koštuvas

መንፊት

sietas

መፋሕፍሒ

trintuvė

ሞርታር

grūstuvė

ባርቢክዩ

kepsninė

ስፍራ ሓዊ

atvira liepsna

እንጨይቲ ምምታር

pjaustymo lentelė

እንጨይቲ ኮረር

kočėlas

መኽፈት ቡሽ

kamščiatraukis

ታኒካ

skardinė

መኽፈቲ ታኒካ

skardinių atidarytuvas

ጨርቂ ድስቲ

puodkėlė

ቡምባ

kriauklė

አስባስላ

šepetys

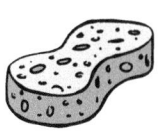

ሰፍነግ

kempinė

ሓዋሲ አደባላቒ

trintuvas

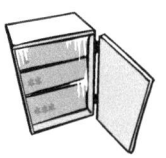

መዝሓሊ በረድ

šaldiklis

ጥርሙዝ ማማይ

kūdikių buteliukas

ቡምባ ማይ

čiaupas

# ክፍሊ ባንዮ

# vonios kambarys

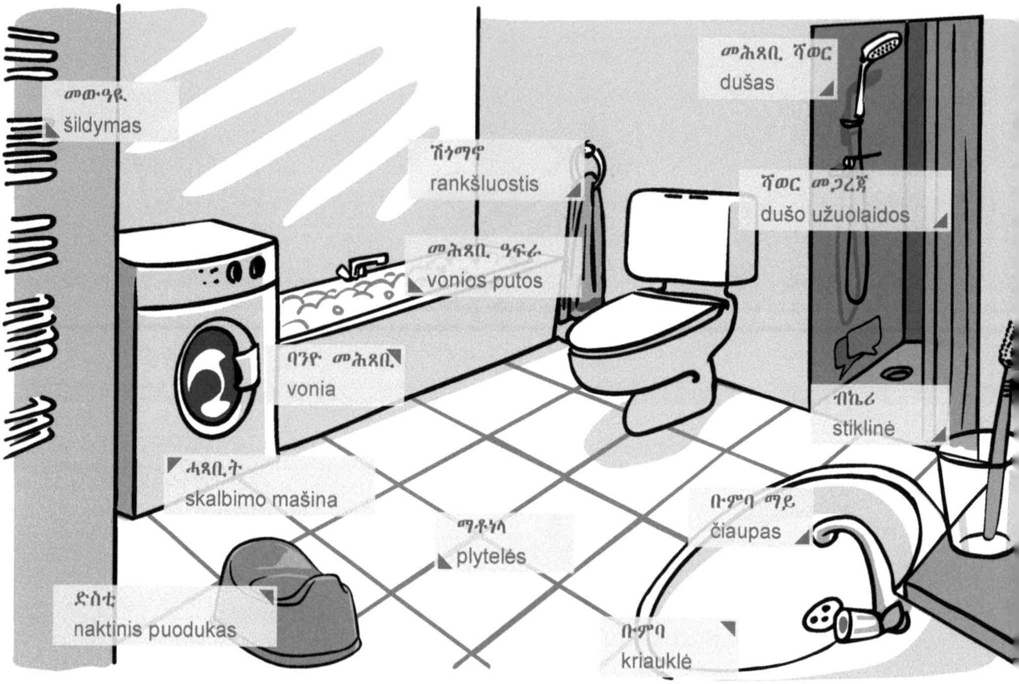

መውዓዩ
šildymas
ሽጎማኖ
rankšluostis
መሕጸቢ ሻወር
dušas
ሻወር መጋረጃ
dušo užuolaidos
መሕጸቢ ዓፍራ
vonios putos
ባንዮ መሕጸቢ
vonia
ብኬሪ
stiklinė
ሓጻቢት
skalbimo mašina
ቡምባ ማይ
čiaupas
ማቶነላ
plytelės
ድስቲ
naktinis puodukas
ቡምባ
kriauklė


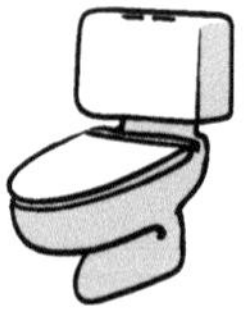

ሽቓቕ

unitazas

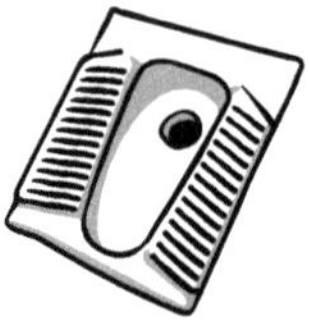

ሽቓቕ ኮፍ

tupimasis unitazas

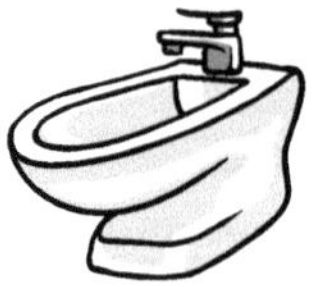

በዴ

bidė

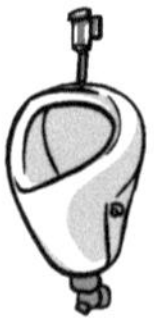

ሽቓቕ ተባዕታይ

pisuaras

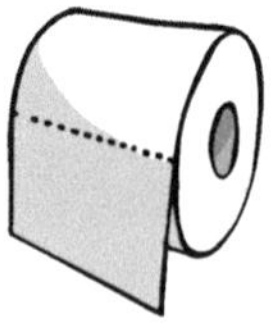

ወረቐት ሽቓቕ

tualetinis popierius

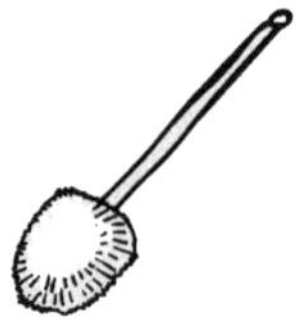

ኣስባስላ ሽቓቕ

unitazo šepetys

አስባስላ ስኒ

dantų šepetėlis

ክሪም ስኒ

dantų pasta

ሃሪ ስኒ

dantų siūlas

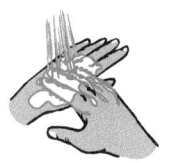

ሓጸበ

plauti

ዱሽ ኢ.ድ

dušo galvutė

ዱሽ

higieninis dušas

ብርጭቆ ም/ሕጸብ

praustuvas

አስባስላ ሕቖ

nugaros plaušinė

ሳምና

muilas

ሻወር ጀል

dušo želė

ሻምፑ

šampūnas

ጨርቂ መሕጸቢ.

plaušinė

መውሓዚ.

kanalizacija

ክሪም

kremas

ደዮ ጨና

dezodorantas

መስትያት
...............
veidrodis

ናይ ኢድ መስትያት
...............
veidrodėlis

መላጸ
...............
skustuvas

ዓፍራ ምልጸይ
...............
skutimosi putos

ጨና ድሕሪ ምልጸይ
...............
losjonas po skutimosi

መመሽጥ
...............
šukos

አስባስላ
...............
šepetys

መንቆዲ ጸግሪ
...............
plaukų džiovintuvas

ስፐረይ ጸግሪ
...............
plaukų lakas

መመላኽዪ
...............
makiažas

ብርዒ ቀለም ከንፈር
...............
lūpdažis

አዝማልቶ
...............
nagų lakas

ጸምሪ ጡጥ
...............
vata

መስደዲ ጽፍሪ
...............
žirklutės nagams

ጨና
...............
kvepalai

ሳንጣ መሕጸቢ
maišelis skalbiniams

ድኳ
taburetė

ሚዛን
svarstyklės

ክዳን መሕጸቢ
chalatas

ጎንቲ መጸረዪ
guminės pirštinės

ታምፓን
tamponas

ጨርቂ ሰበይቲ
higieninis įklotas

ሽቓቕ ከሚስትሪ
biotualetas

# ክፍሊ ቆልዑ

## vaiko kambarys

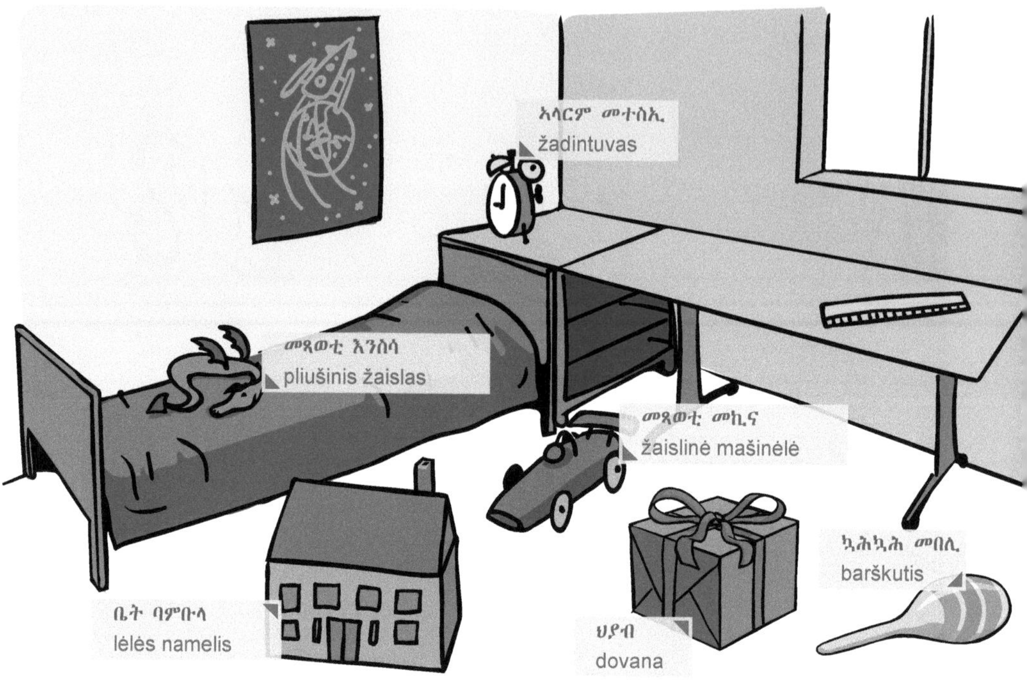
ኣላርም መተስኢ
žadintuvas
መጻወቲ እንስሳ
pliušinis žaislas
መጻወቲ መኪና
žaislinė mašinėlė
ኳሕኳሕ መበሊ
barškutis
ቤት ባምቡላ
lėlės namelis
ህያብ
dovana

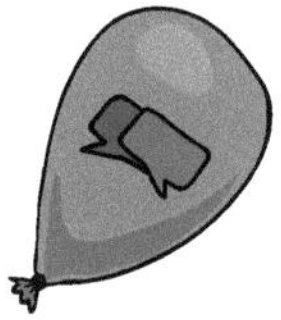

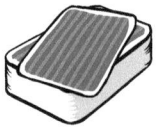

ባላንችና

balionas

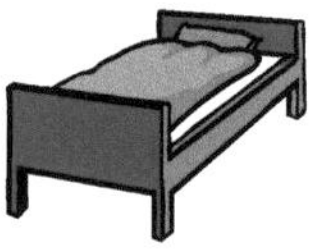

ዓራት

lova

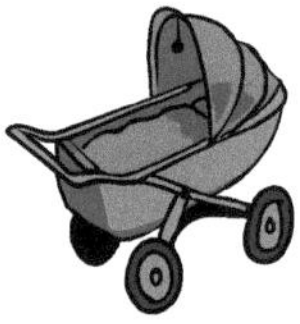

ሰረገላ ህጻን

vaikiškas vežimėlis

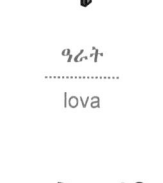

ጸወታ ካርታ

kortų malka

ሕንቅሊተይ

delionė

SUPER
MEGA

ኮሜዲ

komiksai

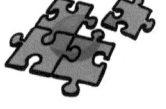

እምንታት መጻወቲ ለጎ
lego kaladėlės

መጻወቲ እምንታት
žaislinės kaladėlės

በዓል አክቸን
figūrėlė

ክዳን ማማይ
šliaužtinukai

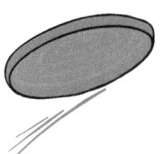

ፍሪስቢ
mėtymo lėkštė

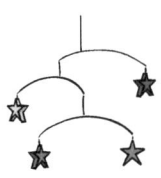

ሞባይል ማማይ
karuselė

ጻወታ ሰሌዳ
stalo žaidimas

ኩቦ
kauliukai

ሞደል ባቡር ምድሪ
žaislinis traukinys

ዓባስ
žindukas

ፓርቲ
vakarėlis

መጽሓፍ ስእሊ
paveiksliukų knygelė

ኩዕሶ
kamuolys

ባምቡላ
lėlė

ተጻወተ
žaisti

መጻወቲ ሐጻ

smėlio dėžė

ሰላል

sūpynės

መጻወቲታት

žaislai

ኮንሶል ቪድዮ

žaidimų konsolė

መጻወቲ ሰለስተ መንኮርኮር

triratukas

ተዲ

meškiukas

ከብሒ ክዳን

drabužių spinta

# ክዳን

## drabužis

ካልስታት

kojinės

ነዊሕ ካልስታት

kojinės virš kelių

ስረ ካልሲ

pėdkelnės

ሻርባ
šalikas

ቀልፊ
diržas

ጽላል
skėtis

ማልያ
marškinėliai

ረፋዕ
ilgaauliai batai

ጫማ ገዛ
šlepetės

ስኒከርስ
sportbačiai

ሸበጥ
sandalai

ጫማ
batai

ረፋዕ ጎማ
guminiai batai

ሙታንታ
trumpikės

ክዳን ጡብ
liemenėlė

ትሕተ ካሚቻ
liemenė

ቦዲ

glaustinukė

ስረ

kelnės

ጂንስ

džinsai

ቀምሽ

sijonas

ካምቻ

palaidinė

ካሚቻ

marškiniai

ጉልፎ

megztinis

ጎልፎ

megztinis su gobtuvu

ጃኬት

švarkelis

ጃከት

švarkas

ጆባ

paltas

ከዳን ዝናብ

lietpaltis

ኮስቱም

kostiumas

ቀምሽ

suknelė

ቀምሽ መርዓ

vestuvinė suknelė

ልብሲ.
kostiumas

ካሚቻ ለይቲ
naktiniai marškiniai

ክዳን ለይቲ
pižama

ሳሪ
saris

መሃረብ ርእሲ.
skarelė

ቱርባን
tiurbanas

ቡርካ
burka

ካፍታን
kaftanas

አባያ
abaja

ክዳን መሕምበሲ.
maudymosi kostiumėlis

ስረ መሕምበሲ.
glaudės

ሓጺር ስረ
šortai

ክዳን ታዕሊም
sportinis kostiumas

በጃ ክዳን
prijuostė

ጓንቲ
pirštinės

መልጎም

saga

መነጽር

akiniai

በንናጅC

apyrankė

ማዕተብ

vėrinys

ቀለበት

žiedas

ኩትሻ

auskaras

ቆብዕ

kepurė

መንበሪ ጁባ

pakabas

ባርኔጣ

skrybėlė

ካርራቫት

kaklaraištis

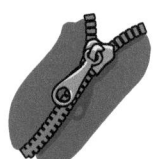

ሻርኔጣ

užtrauktukas

ሀልመት

šalmas

መድልደል ስረ

breketai

ድቢዛ ቤትትምህርቲ

mokyklinė uniforma

ድቢዛ

uniforma

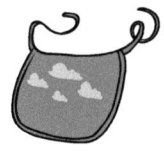

ሰደርያ ቆልዓ

..................

seilinukas

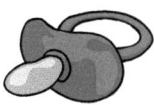

ዓባስ

..................

žindukas

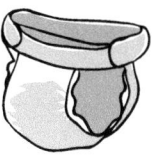

ጨርቂ ማማይ

..................

vystyklai

# ቤት ጽሕፈት

## biuras

ሰርቨር
serveris
ከብሒ ሰነድ
dokumentų spinta
ፕሪንተር
spausdintuvas
ወረቐት
popierius
ሞኒቶር
vaizduoklis
ኣንጭዋ
pelė
ጣውላ ምጽሓፍ
rašomasis stalas
ሓቛፊ
aplankas
ኪቦርድ
klaviatūra
ጎሓፍ ወረቐት
šiukšliadėžė
ኮምፒተር
kompiuteris
መንበር
kėdė


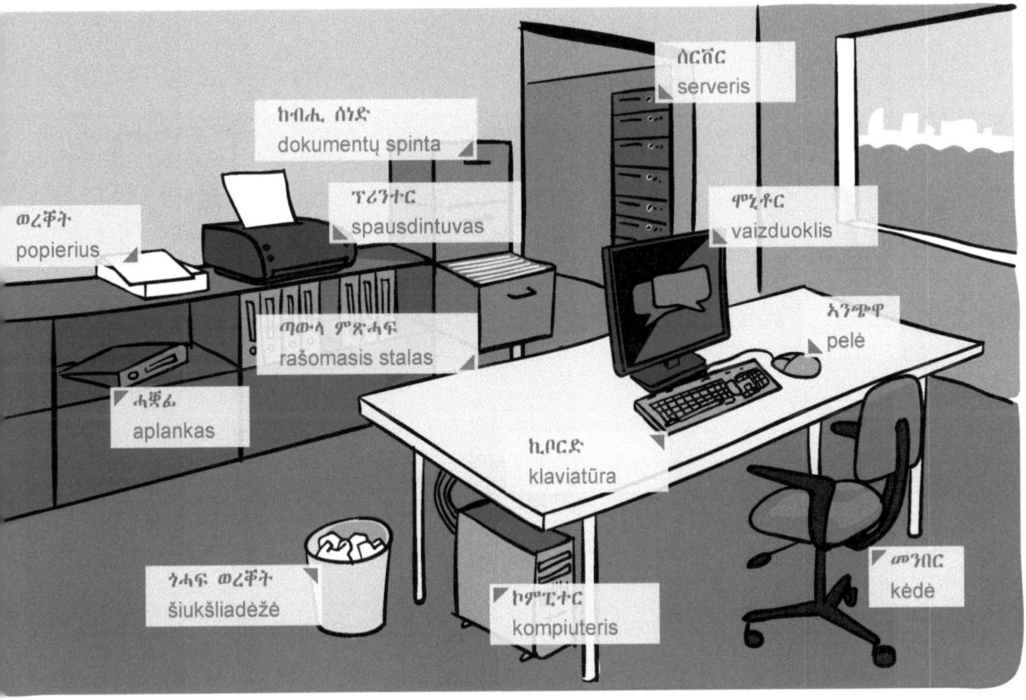

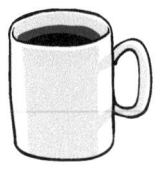

ብርጭቆ ቡን

..................

kavos puodelis

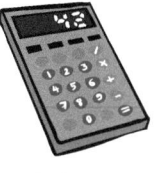

ካልኩለተር

..................

kalkuliatorius

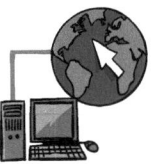

ኢንተርነት

..................

internetas

ላፕቶፕ

nešiojamasis kompiuteris

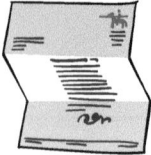

ደብዳቤ

laiškas

መልእኽቲ

žinutė

ሞባይል

mobilusis telefonas

ነትወርክ/መርበብ

tinklas

መቕድሒ ፎቶኮፒ

fotokopijavimo aparatas

ሶፍትዌር

programinė įranga

ተለፎን

telefonas

ሶኬት ኣረንቲ

kištukinis lizdas

ፋክስ

faksas

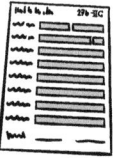

ፎርም

forma

ሰነድ

dokumentas

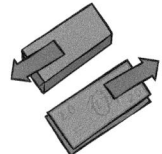

ገዛአ
pirkti

ከፈለ
mokėti

ንግዲ
prekiauti

ገንዘብ
pinigai

ዶላር
doleris

አይሮ
euras

የን
jena

ሩብል
rublis

ስዊዝ ፍራንከን
Šveicarijos frankas

ረንሚንቢ. የዋን
juanis

ሩፕየ
rupija

መውጽኢ. ማሺን ገንዘብ
bankomatas

በታ ቅያር ገንዘብ

valiutos keitykla

ወርቒ

auksas

ብሩር

sidabras

ዘይቲ

nafta

ሓይሊ

energija

ዋጋ

kaina

ውዕል

sutartis

ቀረጽ

mokestis

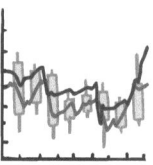

እኩብ ጥሪ-ነገራት

akcijos

ሰርሐ

dirbti

ሰራሕተኛ

darbuotojas

ኣስራሒ

darbdavys

ትካል

gamykla

ዱኳን

parduotuvė

ቀጠባ - ekonomika

# ሞያታት

## profesijos

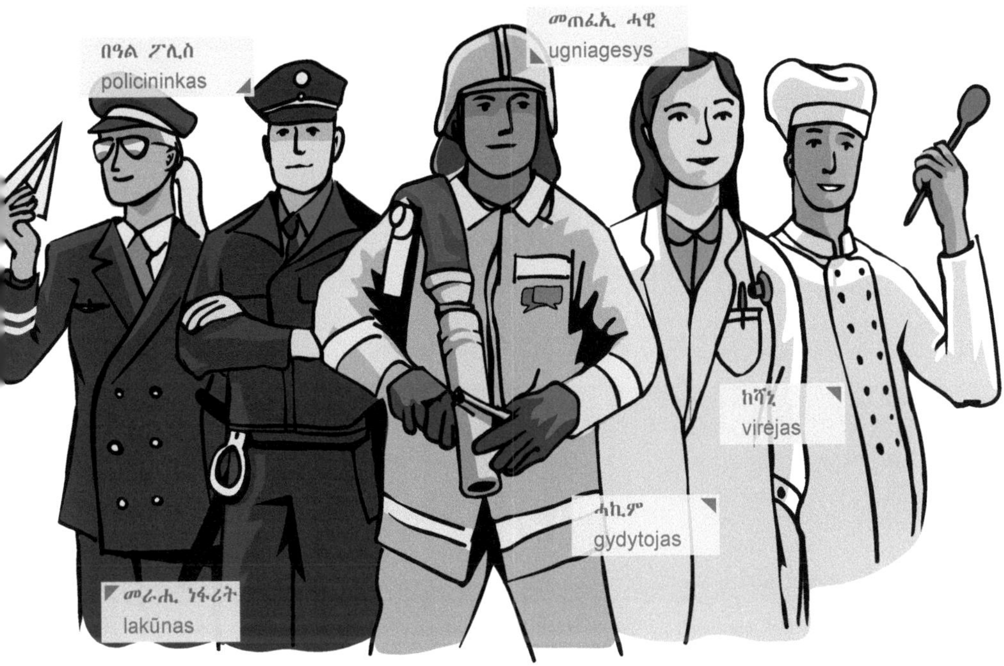

በዓል ፖሊስ
policininkas
መጠፊኢ ሓዊ
ugniagesys
ክሻኒ
virėjas
ሓኪም
gydytojas
መራሒ ነፋሪት
lakūnas


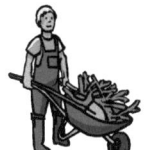

ሰራሕተኛ ጀርዲን
sodininkas

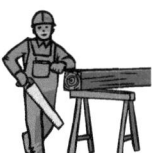

ጸራቢ ዕንጸይቲ
stalius

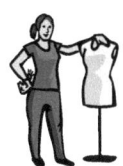

ሰፋይት
siuvėja

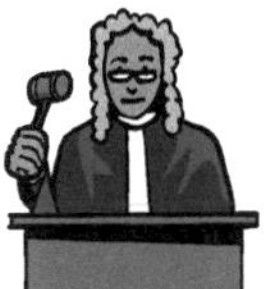

ፈራዳይ
teisėjas

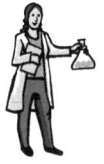

ቀማሚ
chemikas

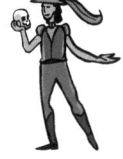

ተዋሳኢ
aktorius

*መራሒ አዉቶቡስ*

autobuso vairuotojas

*አውቲስታ ታክሲ*

taksi vairuotojas

*ገፋፊ ዓሳ*

žvejys

*ጸራጊት*

valytoja

*ሃናጻይ ናሕሲ*

stogdengys

*አሰላፊ*

padavėjas

*ሃዳናይ*

medžiotojas

*ሰአላይ*

dailininkas

*እንዳ ሕብስቲ*

kepėjas

*ኤለትሪከኛ*

elektrikas

*ሃናጺ አባይቲ*

statybininkas

*ሃንዳሲ*

inžinierius

*ሰራሕተኛ እንዳ ስጋ*

mėsininkas

*ድራብሊኮ*

santechnikas

*አማላሳሊ ፖስጣ*

paštininkas

ወተሃደር
..................
kareivis

መሃንድስ
..................
architektas

ተሓዝ ገንዘብ
..................
kasininkas

ሰራሕተኛ ዕምባባ
..................
gėlininkas

ቀም ቃማይ
..................
kirpėjas

ፈተሪዎ
..................
konduktorius

መካኒክ
..................
mechanikas

መራሒ መርከብ
..................
kapitonas

ሓኪም ስኒ
..................
odontologas

ተመራማሪ
..................
mokslininkas

ራቢ
..................
rabinas

ኢማም
..................
imamas

ፈላሲ
..................
vienuolis

ቀሺ
..................
kunigas

# ናውቲ

# įrankiai

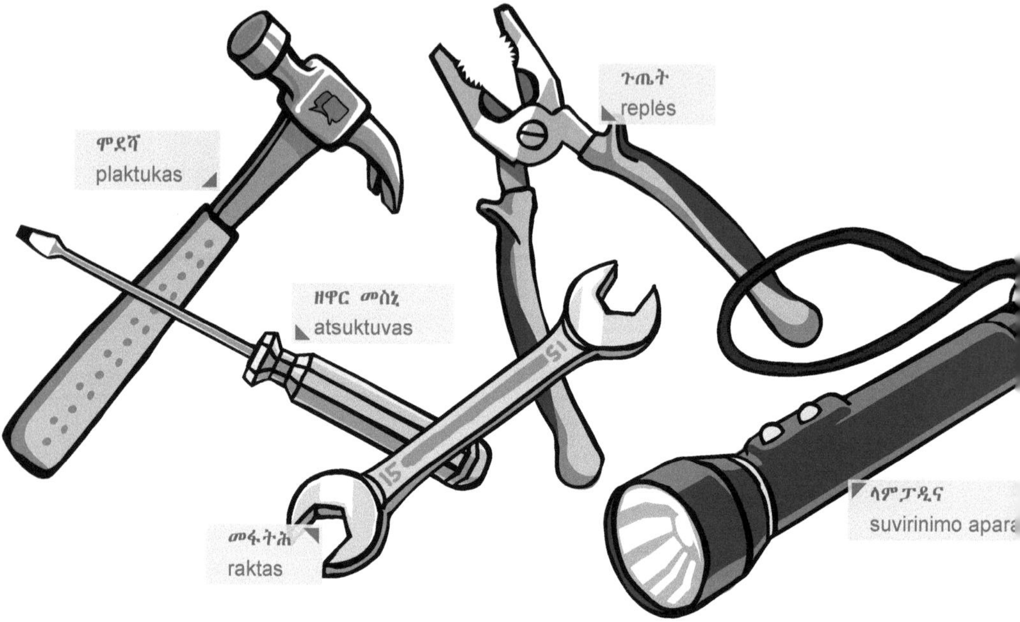

ሞደሻ
plaktukas
ጉጤት
replės
ዘዋር መስኒ
atsuktuvas
መፍትሕ
raktas
ላምፓዲና
suvirinimo apara


ፈሓሪ

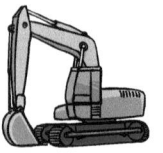

ekskavatorius

ናውቲ ቦክስ

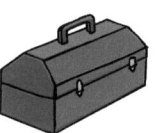

įrankių dėžė

መደያይቦ

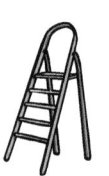

kopėčios

መጋዝ

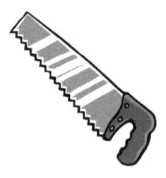

pjūklas

መስማር

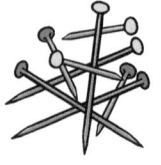

vinys

ኩዓቲ

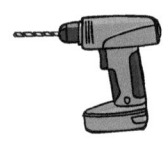

grąžtas

ምዕራይ
.................
taisyti

ባደላ
.................
kastuvas

አይ!
.................
Velniava!

መትሓዚ ዶሮና
.................
semtuvėlis

ድስቲ ቀለም
.................
dažų skardinė

ካቻቢት
.................
varžtai

## መሳርሒ ሙዚቃ

# muzikos instrumentai

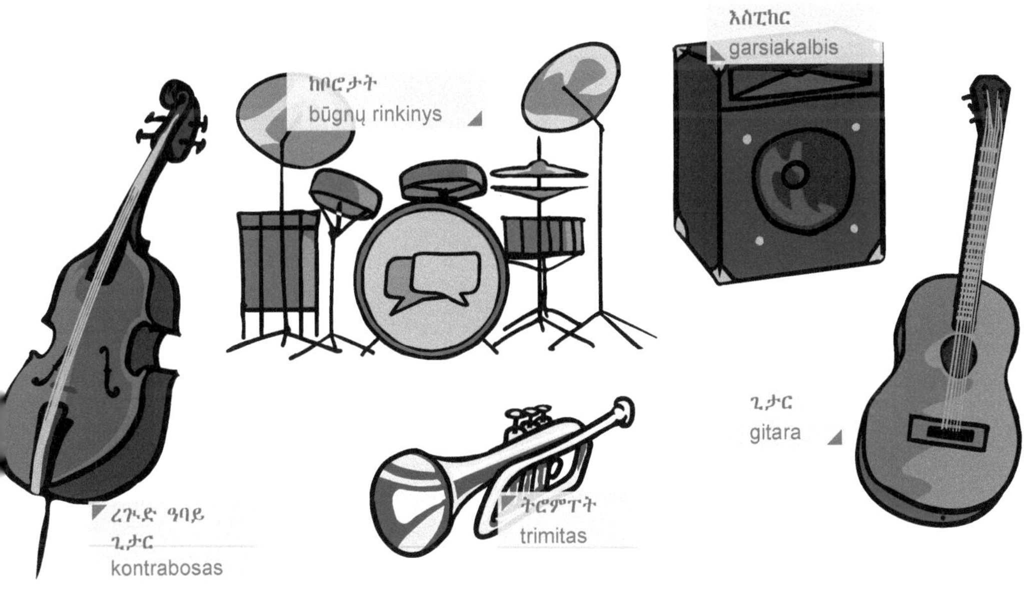

እስፒከር
garsiakalbis

ከበሮታት
būgnų rinkinys

ሪጉድ ዓባይ
ጊታር
kontrabosas

ትሮምፐት
trimitas

ጊታር
gitara

ፒያኖ

pianinas

ቫዮሊን

smuikas

ባስ ጊታር

bosinė gitara

ቲምንኢ.

timpanas

ከበሮ

būgnai

አርጋን

sintezatorius

ሳክሶፎን

saksofonas

ሻምብቆ

fleita

ሚክሮፎን

mikrofonas

መሳርሒ ሙዚቃ - muzikos instrumentai

# መካነ እንስሳታት

## zoologijos sodas

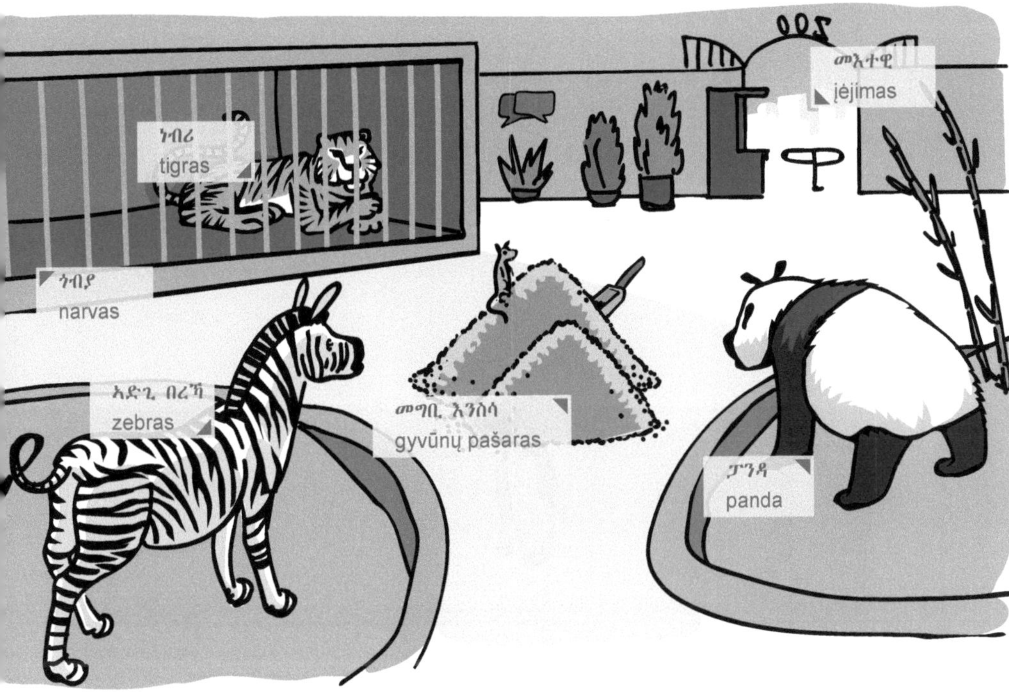

መእተዊ
įėjimas
ነብሪ
tigras
ጎብያ
narvas
ኣድጊ በረኻ
zebras
መግቢ እንስሳ
gyvūnų pašaras
ፓንዳ
panda


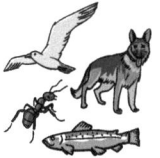

እንስሳታት

gyvūnai

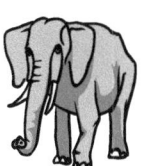

ሓርማዝ

dramblys

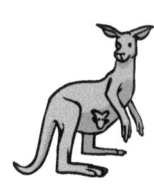

ካንጋሩ

kengūra

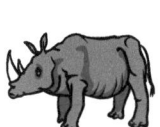

ሓሪሽ

raganosis

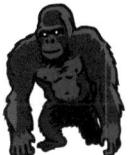

ጉሪላ

gorila

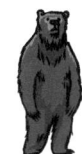

ድቢ

meška

ገመል
...............
kupranugaris

ሰገን
...............
strutis

አንበሳ
...............
liūtas

ህበይ
...............
beždžionė

ፍላሚንጎ
...............
flamingas

ሕንጻይ
...............
papūga

ድቢ በረድ
...............
baltoji meška

ፐንጉን
...............
pingvinas

ክልቢ ዓሳ
...............
ryklys

ጣውስ
...............
povas

ተመን
...............
gyvatė

ሓርገጽ
...............
krokodilas

ሓላዊ ቤት ገርድሽ
...............
zoologijos sodo prižiūrėtojas

ዓሳ ዚምገብ እንስሳ ባሕሪ
...............
ruonis

ጃጓር
...............
jaguaras

ሓጹር ፈረስ
.................
ponis

ነብሪ
.................
leopardas

ጉማሬ
.................
begemotas

ጂራፍ
.................
žirafa

ሊላ
.................
erelis

መፍለስ
.................
šernas

ዓሳ
.................
žuvis

ጎብየ
.................
vėžlys

ዋልሩስ
.................
vėplys

ወኻርያ
.................
lapė

ሰስሓ
.................
gazelė

# ስፖርት
## sportas

ናይ አሜሪካ ኩዕሶ እግሪ
amerikietiškas futbolas

ምዝዋር ብሽግለታ
dviračių sportas

ተኒስ
tenisas

ባስከትባል
krepšinis

ምሕምባስ
plaukimas

ቦክሲንግ
boksas

ሆኪ በረድ
ledo ritulys

ኩዕሶ እግሪ
futbolas

ባድሚንቶን
badmintonas

እስፖርታዊ ንጥፈታት
atletika

ኩዕሶ ኢድ
rankinis

ስኪ
slidinėjimas

ፖሎ
polas

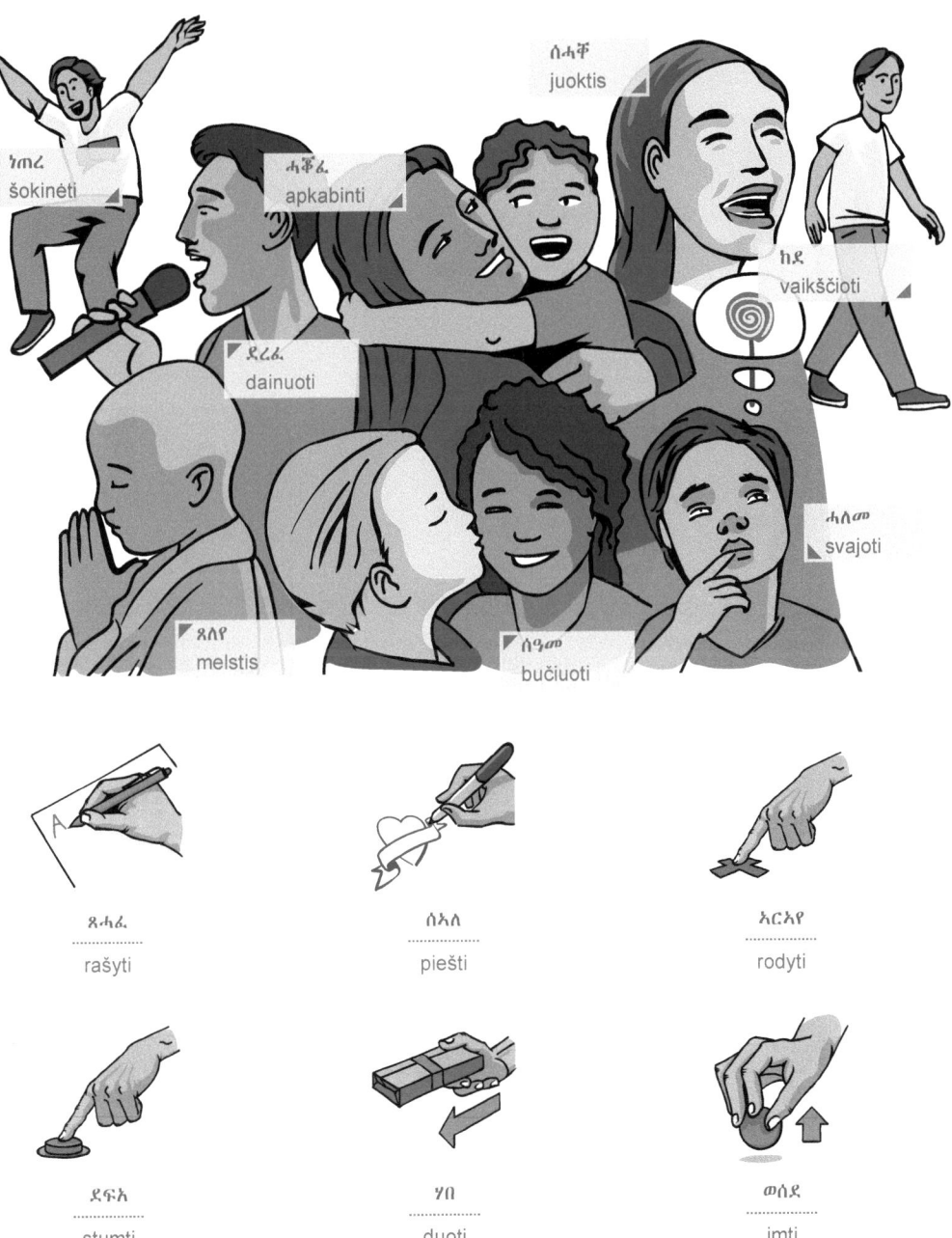

ሰሓቅ juoktis

ነጠረ šokinėti

ሓቖፈ apkabinti

ክደ vaikščioti

ደረፈ dainuoti

ሓለመ svajoti

ጸለየ melstis

ሰዓመ bučiuoti

ጸሓፈ
rašyti

ሰአለ
piešti

አርአየ
rodyti

ደፍአ
stumti

ሃበ
duoti

ወሰደ
imti

አለመ
.................
turėti

ገበረ
.................
daryti

ኮነ
.................
būti

ጠጠው በለ
.................
stovėti

ጎየየ
.................
bėgti

ሰሓበ
.................
traukti

ሰንደመ
.................
mesti

ወደቐ
.................
kristi

ሓሰመ
.................
meluoti

ተጸበየ
.................
laukti

ሰከመ
.................
nešti

ኮፍ በለ
.................
sėdėti

ተኸድነ
.................
rengtis

ደቀሰ
.................
miegoti

ተስአ
.................
pabusti

ንጥፈታት - užsiėmimai

ረአየ

žiūrėti

በኸየ

verkti

ብአጸብዑ ደረዘ

glostyti

መሽጠ

šukuoti

ተዛረበ

kalbėti

ተረድአ

suprasti

ሓተተ

paklausti

ሰምዐ

klausytis

ሰተየ

gerti

በልዐ

valgyti

አቐመጠ

tvarkytis

አፍቀረ

mylėti

ከሽነ

gaminti

ዘወረ

vairuoti

ነፈረ

skristi

ብመርከብ ገየሽ

buriuoti

ደመረ

skaičiuoti

አንበበ

skaityti

ተመሃረ

mokytis

ሰርሐ

dirbti

መርዓወ

vesti

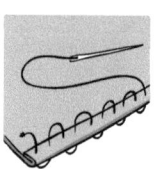

ሰፈየ

siūti

ጽሬት አስናን

valytis dantis

ቀተለ

žudyti

ሽጋራ ተከሽ

rūkyti

ሰደደ

siųsti

ዓባይ
senelė

አቦሓጎ
senelis

አቦ
tėvas

እደ
motina

ማማይ
kūdikis

ጓል
dukra

ወዲ
sūnus

ጋሽ

svečias

ሓትኖ

teta

አኮ

dėdė

ሓው

brolis

ሓፍቲ

sesuo

# ኣካላት

# kūnas

ግንባር
kakta
ዓይኒ
akis
መንኩብ
petys
ኣጻብዕ
pirštas
ገጽ
veidas
መንከስ
smakras
ኢድ
plaštaka
ኣፍ-ልቢ
krūtinė
ሽፋን እግሪ
koja
ምናት
ranka

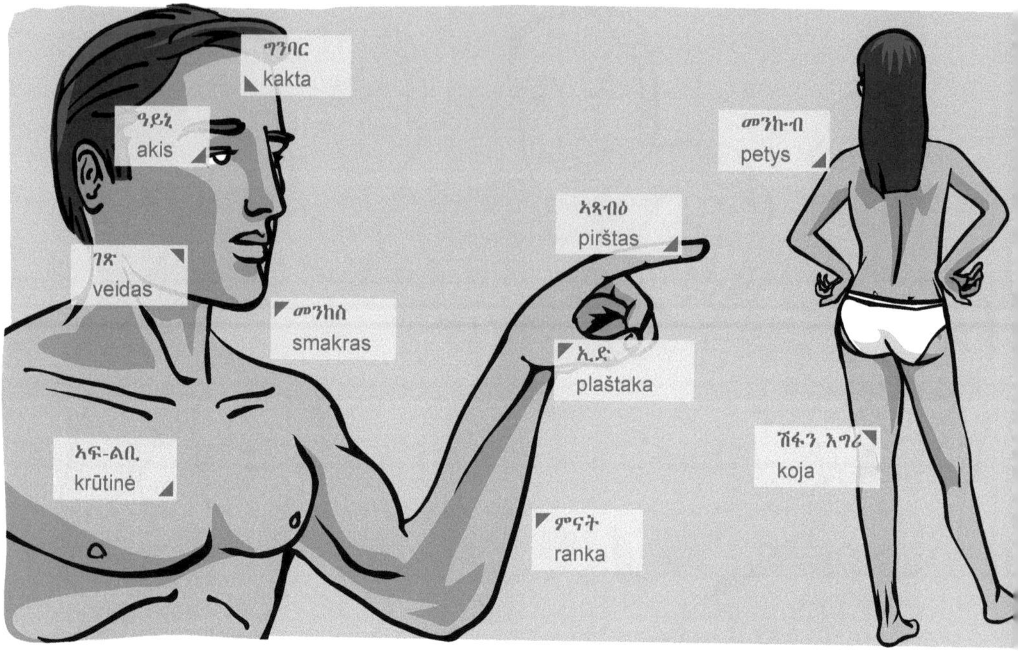

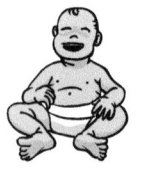

ማማይ
.................
kūdikis

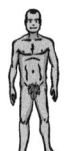

ሰብኣይ
.................
vyras

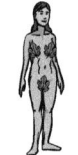

ሰበይቲ
.................
moteris

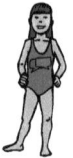

ጓል
.................
mergaitė

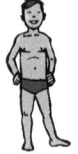

ወዲ
.................
berniukas

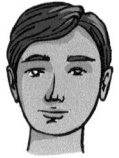

ርእሲ
.................
galva

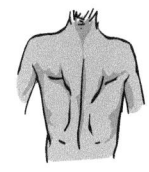

ሕቖ

nugara

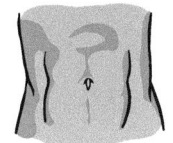

ከስዐ

pilvas

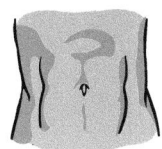

ሕምብርቲ

bamba

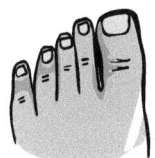

አጻብዕ እግሪ

kojos pirštas

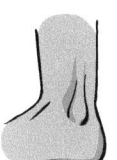

ኩርኹረ

kulnas

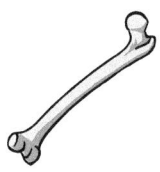

ዓጽሚ

kaulas

ምሕኮልቲ

klubas

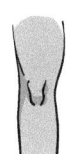

ብርኪ

kelis

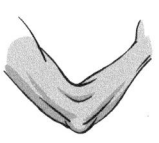

ፍግፍጉ

alkūnè

አፍንጫ

nosis

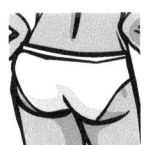

መዓኮር

sėdmenys

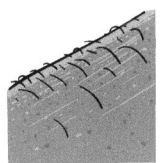

ቆርበት

oda

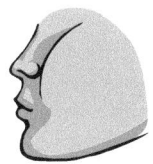

ምዕጉርቲ

skruostas

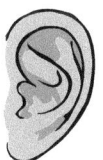

እዝኒ

ausis

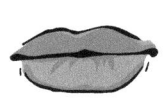

ከንፈር

lūpa

አፍ

burna

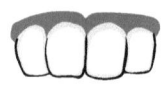

ስኒ

dantis

መልሐስ

liežuvis

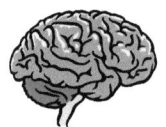

ሓንጎል

smegenys

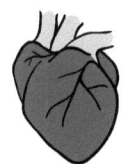

ልቢ

širdis

ጭዋዳ

raumuo

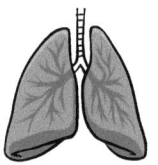

ሳንቡእ

plaučiai

ጸላም ከብዲ

kepenys

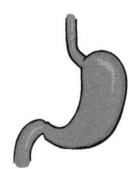

ከብዲ

skrandis

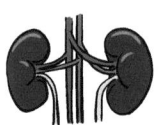

ኮሊት

inkstai

ግብረ ስጋ

seksas

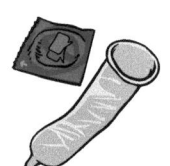

ኮንዶም

prezervatyvas

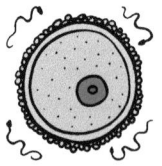

እንቋቍሓ

kiaušialąstė

ዘርኢ ተባዕታይ

sperma

ጥንሲ

nėštumas

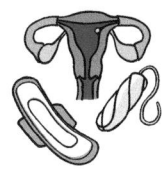

ጽግያት
menstruacijos

ርሕሚ
makštis

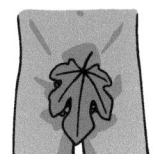

መትሎ
varpa

ሽፉሽፍቲ
antakis

ጸግሪ
plaukai

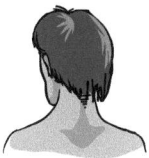

ክሳድ
kaklas

# ሆስፒታል
# ligoninė

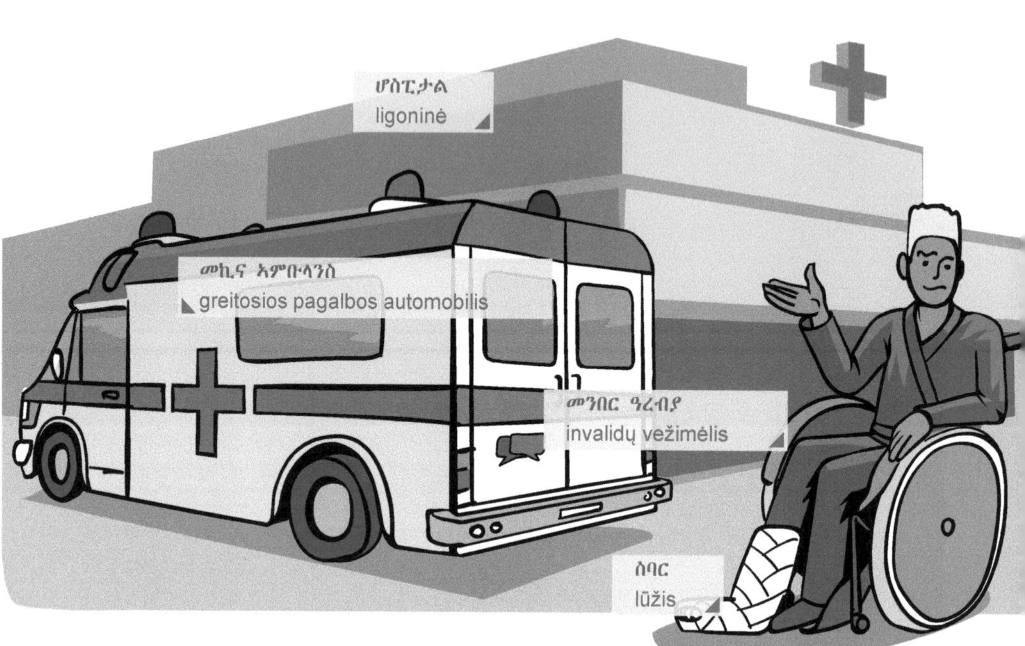

ሆስፒታል
ligoninė
መኪና ኣምቡላንስ
greitosios pagalbos automobilis
መንበር ዓረብያ
invalidų vežimėlis
ስባር
lūžis


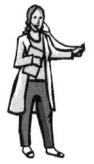

ሓኪም

gydytojas

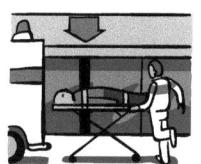

ክፍሊ ህጹጽ ረድኤት

skubios pagalbos skyrius

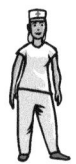

ኣላይት

slaugytoja

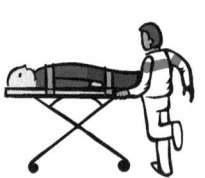

ህጹጽ ኩነት

nelaimingas atsitikimas

ውነኡ ዘጥፍአ

be sąmonės

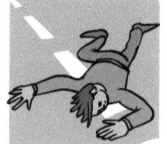

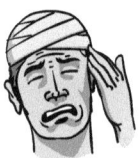

ቃንዛ

skausmas

ጉድኣት
sužalojimas

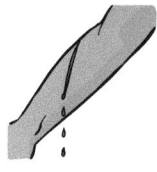

ደም
kraujavimas

ማህሪምቲ
širdies smūgis

ማህሪምቲ
insultas

ኣለርጂ
alergija

ሰዓል
kosulys

ረስኒ
karščiavimas

ኡንፍልወንዛ
gripas

ውጽኣት
viduriavimas

ቃንዛ ርእሲ
galvos skausmas

መንሽሮ
vėžys

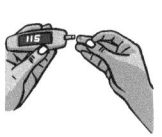

ሹኮርያ
diabetas

ሓኪም መጥባሕቲ
chirurgas

መጥብሒ
skalpelis

መጥባሕቲ
operacija

CT
KT

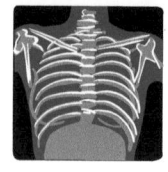

ራጂ
rentgenas

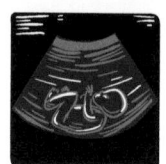

ልዕስ ድምጻዊ
ultragarsas

መሸፈኒ ገጽ
veido kaukė

ሕማም
liga

ክፍሊ ምጽባይ
laukiamasis

ምርኩስ
ramentas

መጅነኒ ቁስሊ
gipsas

መጅነኒ
tvarstis

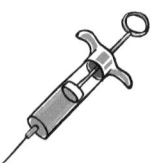

መርፍዕ ምውጋእ
injekcija

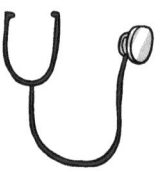

ስተቶስኮፕ
stetoskopas

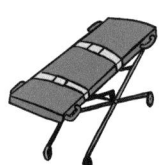

መሰከሚ ሕማም
neštuvai

ቴርሞመተር
termometras

ትውልዲ
gimimas

ልዕስ-ሚዛን
antsvoris

ሓገዝ ምስማዕ

klausos aparatas

ኣንጻሂ

dezinfekavimo priemonė

ልበዳ

infekcija

ቫይረስ

virusas

ኤድስ

ŽIV / AIDS

ሕክምና

vaistas

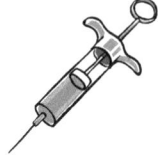

ክታብ

skiepijimas

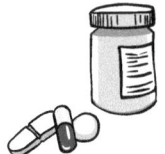

ኪኒ

tabletės

ኪኒ

piliulė

ህጹ ምድዋል

skubios pagalbos numeris

መዕቀኒ ጸቕጢ ደም

kraujospūdžio matuoklis

ሕሙም / ጥዑይ

ligotas / sveikas

## nelaimingas atsitikimas

ሓገዝ

Padėkite!

ኣላርም

pavojaus signalas

ምህጃም

užpuolimas

መጥቃዕቲ

ataka

ድንገት

pavojus

ህጹጽ መውጽኢ

avarinis išėjimas

ሓዊ!

Gaisras!

መጥፍኢ ሓዊ

gesintuvas

ሓደጋ

nelaimingas atsitikimas

ሳንጣ ቀዳማይ ረድኤት

pirmosios pagalbos rinkinys

SOS

SOS

ፖሊስ

policija

ኤውሮጳ

Europa

ሰሜን አሜሪካ

Šiaurės Amerika

ደቡብ አሜሪካ

Pietų Amerika

አፍሪቃ

Afrika

ኤስያ

Azija

አውስትራልያ

Australija

አትላንቲክ

Atlanto vandenynas

ፓሲፊክ

Ramusis vandenynas

ህንዳዊ ዉቅያኖስ

Indijos vandenynas

አንታርቲካዊ ዉቅያኖስ

Pietų vandenynas

አርክቲካዊ ዉቅያኖስ

Arkties vandenynas

ሰሜናዊ ዋልታ

Šiaurės ašigalis

ደቡባዊ ዋልታ

Pietų ašigalis

አንታርCቲካ

Antarktida

ምድሪ

Žemė

መሬት

sausuma

ባሕሪ

jūra

ደሴት

sala

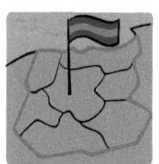

ሃገር

tauta

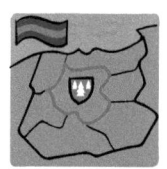

ዓዲ

valstybė

ገጽ ሰዓት

ciferblatas

አመልካቺ ሰዓታት

valandinė rodyklė

አመልካቺ ደቃይቆ

minutinė rodyklė

አመልካቺ ካልኢት

sekundinė rodyklė

ሰዓት ክንደይ አሎ?

Kiek valandų?

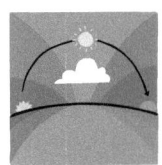

መዓልቲ

diena

ግዜ

laikas

ሕጂ

dabar

ዲጂታል ሰዓት

skaitmeninis laikrodis

ደቒቆ

minutė

ሰዓት

valanda

ሰኑይ
pirmadienis

**MO**

**TU**

ሰሉስ
antradienis

**W** trečiadienis
ረቡዕ

**TH**
ቀዳም
šeštadienis

ሓሙስ
ketvirtadienis

**FR**
penktadienis
ዓርቢ

**SA**

**SO**

ሰንበት
sekmadienis

ትማሊ
vakar

ሎሚ
šiandien

ጽባሕ
rytoj

ንጎሆ
rytas

ቀትሪ
vidurdienis

ምሸት
vakaras

መዓልታት ስራሕ
darbo dienos

መወዳእታ ሰሙን
savaitgalis

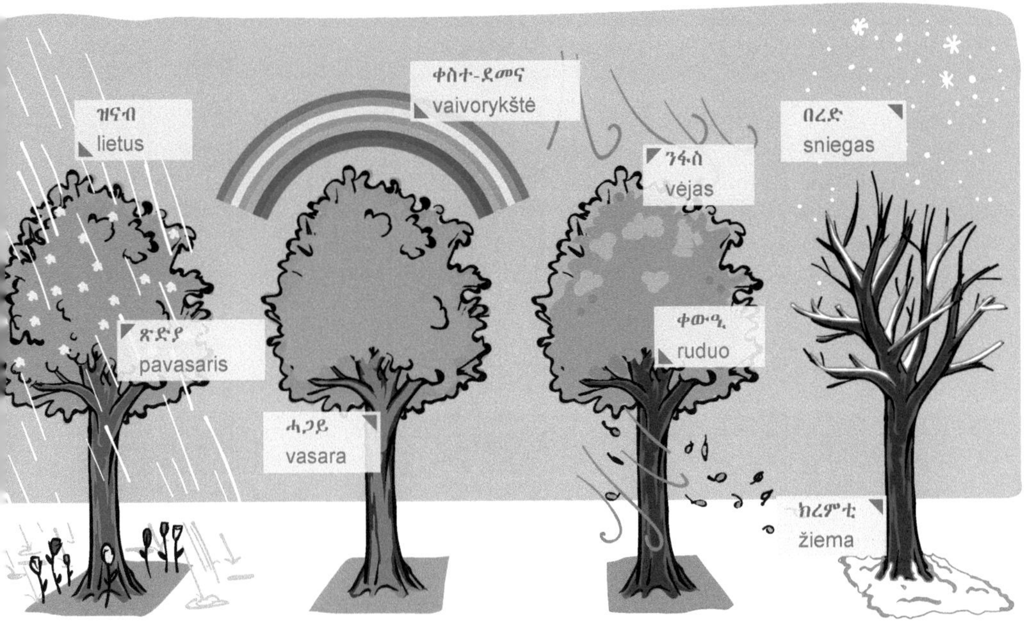

ዝናብ
lietus

ቀስተ-ደመና
vaivorykštė

በረድ
sniegas

ንፋስ
vėjas

ጽድያ
pavasaris

ቀውዒ
ruduo

ሓጋይ
vasara

ክረምቲ
žiema

| 4.APRIL | 11° | ☀ |
| 5.APRIL | 4° | |
| 6.APRIL | 13° | |
| 7.APRIL | 8° | ☀ |
| 8.APRIL | 10° | ☀ |

ትንቢት ኩነታት አየር

orų prognozė

ቴርሞመተር

lauko termometras

ብርሃን ጸሓይ

saulės šviesa

ደበና

debesis

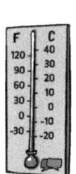

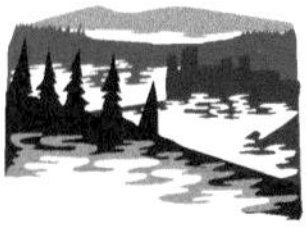

ግሙ

rūkas

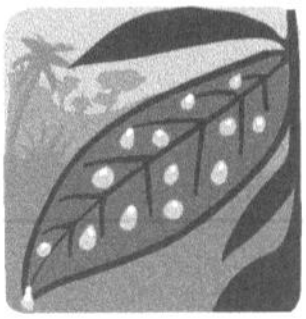

ጠሊ

drėgmė

ብርቂ

žaibas

ነጎዳ

griaustinis

ህቦብላ

audra

በረድ

kruša

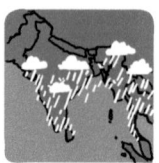

ብርቱዕ ህቦብላ

musonas

ውሕጅ

potvynis

በረድ

ledas

ጥሪ

sausis

ለካቲት

vasaris

መጋቢት

kovas

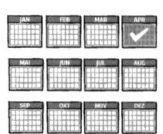

ሚያዝያ

balandis

ጉንበት

gegužė

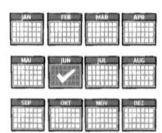

ሰነ

birželis

ሓምለ

liepa

ነሓሰ

rugpjūtis

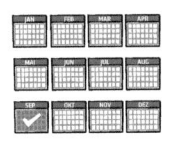

መስከረም
..................
rugsėjis

ጥቅምቲ
..................
spalis

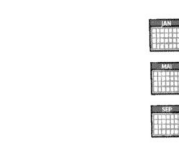

ሕዳር
..................
lapkritis

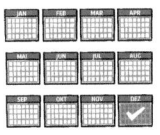

ታሕሳስ
..................
gruodis

ዙርያ
..................
apskritimas

ትርብዒት
..................
kvadratas

ቅኑዕ ርቡዕ ኩርናዕ
..................
stačiakampis

ስሉስ ኩርናዕ
..................
trikampis

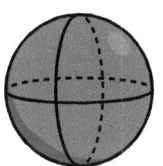

ክቢ
..................
sfera

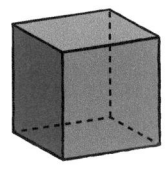

ኩቦ
..................
kubas

ጻዕዳ

balta

ብጫ

geltona

አራንሺ

oranžinė

ፒንክ

rožinė

ቀይሕ

raudona

ጁኽ

violetinė

ሰማያዊ

mėlyna

ቀጠልያ

žalia

ቡናዊ

ruda

ሓሙኽሽታይ

pilka

ጸሊም

juoda

# prieŠingos reikšmės žodžiai

ብዙሕ / ውሑድ

daug / mažai

ሕሩቕ / ሰላማዊ

piktas / ramus

ጽቡቕ / ክፉእ

gražus / bjaurus

መጀመርያ / መወዳእታ

pradžia / pabaiga

ዓቢ / ንእሽቶ

didelis / mažas

ብሩህ / ጸልማት

šviesus / tamsus

ሓው / ሓፍት

brolis / sesuo

ጽሩይ / ርሳሕ

švarus / purvinas

ምሉእ / ዘይምሉእ

užbaigtas / neužbaigtas

መዓልቲ / ለይቲ

diena / naktis

ሙዉት / ህልው

miręs / gyvas

ሰፊሕ / ጸቢብ

platus / siauras

ደስ ዘበል / ደስ ዘይብል

valgomas / nevalgomas

እኩይ / ህያዋይ

piktas / malonus

ርቡጽ / ስልኩይ

linksmas / nuobodus

ረጊድ / ቀጢን

storas / plonas

ቀዳማይ / ናይ መወዳእታ

pirmiausia / paskiausia

ዓርኪ / ጸላኢ

draugas / priešas

ምሉእ / ባዶ

pilnas / tuščias

ተሪር / ልስሉስ

kietas / minkštas

ከቢድ / ፈኩስ

sunkus / lengvas

ጥዑየት / ጽሙየት

alkis / troškulys

ሕሙም / ጥዑይ

ligotas / sveikas

ዘይሕጋዊ / ሕጋዊ

nelegalus / legalus

መስተውዓሊ / ስዲ

protingas / kvailas

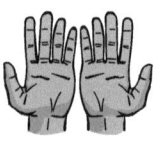

ጸጋም / የማን

kairė / dešinė

ቀረባ / ርሑቕ

arti / toli

ሓዲሽ / ብሉይ
naujas / naudotas

ዋላ ሓደ / ገለ
niekas / kažkas

ዓቢ/አረጊት / መንእሰይ
senas / jaunas

ወልዒ / አጥፍእ
jjungta / išjungta

ክፉት / ዕጹው
atidaryta / uždaryta

ህዱእ / ዓው
tylus / garsus

ሃብታም / ድኻ
turtingas / vargšas

ቅኑዕ / ግጉይ
teisus / neteisus

ሓርፋፍ / ልሙጽ
šiurkštus / švelnus

ጉሁይ / ሕጉስ
liūdnas / laimingas

ሓጺር / ነዊሕ
trumpas / ilgas

ቀስ / ቅልጡፍ
lėtas / greitas

ጥሉል / ንቑጽ
drėgnas / sausas

ምዉቕ / ዝሑል
šiltas / šaltas

ውግእ / ሰላም
karas / taika

**0**

ዜሮ

nulis

**1**

ሓደ

vienas

**2**

ክልተ

du

**3**

ሰለስተ

trys

**4**

አርባዕተ

keturi

**5**

ሓሙሽተ

penki

**6**

ሽዱሽተ

šeši

**7**

ሸውዓተ

septyni

**8**

ሸሞንተ

aštuoni

**9**

ትሽዓተ

devyni

**10**

ዓሰርተ

dešimt

**11**

ዓሰርተ ሓደ

vienuolika

## 12

ዓሰርተ ክልተ

dvylika

## 13

ዓሰርተ ሰለስተ

trylika

## 14

ዓሰርተ ኣርባዕተ

keturiolika

## 15

ዓሰርተ ሓሙሽተ

penkiolika

## 16

ዓሰርተ ሽዱሽተ

šešiolika

## 17

ዓሰርተ ሸውዓተ

septyniolika

## 18

ዓሰርተ ሸሞንተ

aštuoniolika

## 19

ዓሰርተ ትሽዓተ

devyniolika

## 20

ዕስራ

dvidešimt

## 100

ሚእቲ

šimtas

## 1.000

ሽሕ

tūkstantis

## 1.000.000

ሚልዮን

milijonas

እንግሊዝኛ

anglų

አመሪካዊ እንግሊዛዊ

amerikiečių anglų

ቻይናዊ ማንዳሪን

kinų (mandarinų)

ሂንዳዊ

hindi

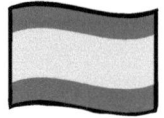

እስጳኛዊ

ispanų

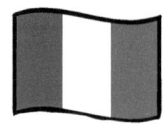

ፈረንሳዊ

prancūzų

ዓረባዊ

arabų

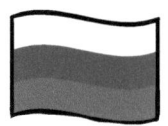

ሩሲያዊ

rusų

ፖርቱጋላዊ

portugalų

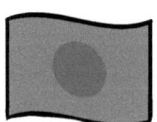

በንጋሊ

bengalų

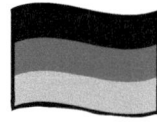

ጀርመናዊ

vokiečių

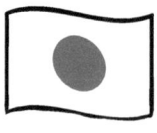

ጃፓናዊ

japonų

አነ

aš

ንስኻ/ኺ.

tu

ንሱ / ንሳ / ንሱ

jis / ji

ንሕና

mes

ንስኻ

jūs

ንሳቶም

jie

መን?

kas?

እንታይ?

ką?

ከመይ?

kaip?

አበይ?

kur?

መዓስ?

kada?

HELLO, I AM

ሽም

vardas

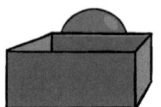

ድሕሪ

už

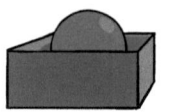

አብ

kur (vieta)

አብ ቅድሚ

priešais

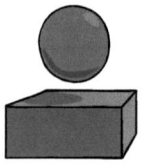

አብ ላዕሊ

virš

አብ ልዕሊ

ant

ትሕቲ ምድሪ

po

አብ ጥቓ

prie

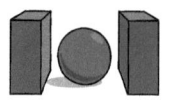

አብ መንጎ

tarp

በታ

vieta